醒，覺，力。

言唯鑫——著
陳品丰——文字協力

五感甦活 x 心性自在 x 面相人和

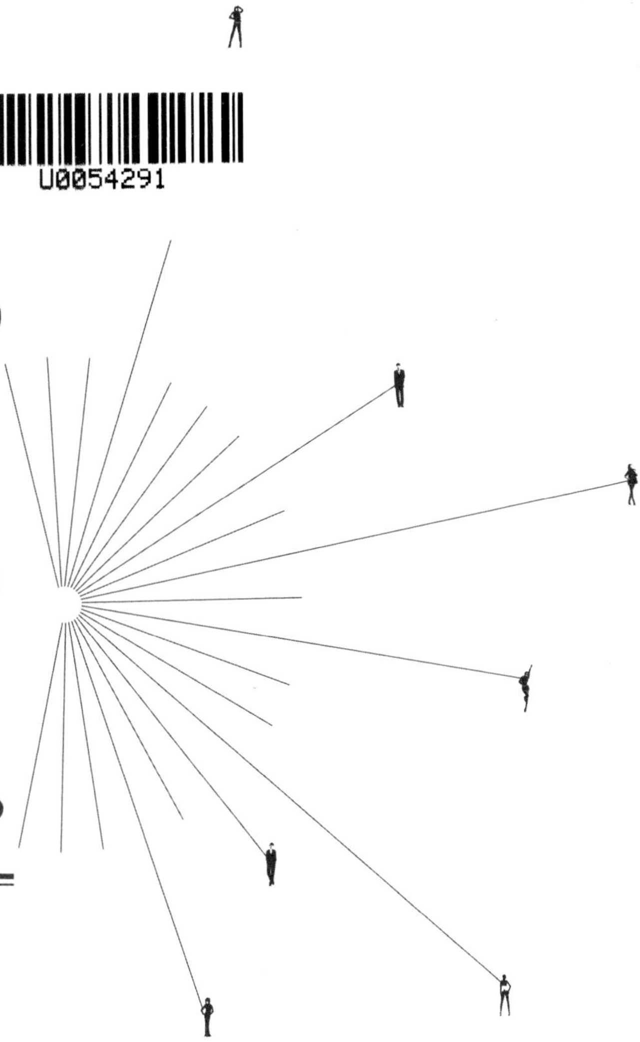

跌跤、拉扯、雜訊、拆牆、挫敗、貧困
走在事與願違的十字路口
該用什麼形式的品質，轉化生命挑戰？
別漠視內在需求，別忽視自己空間……
帶著誠實，學會看見
沒有將就，就沒有負重

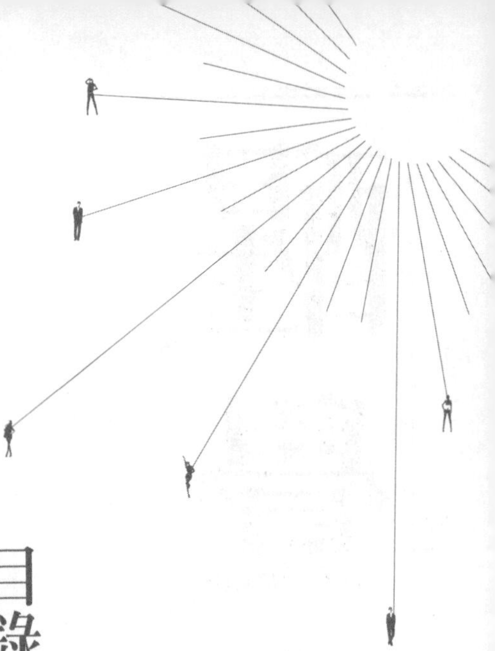

目錄

I

認識

看見自己的本貌

II

明白

由苦到樂的路徑

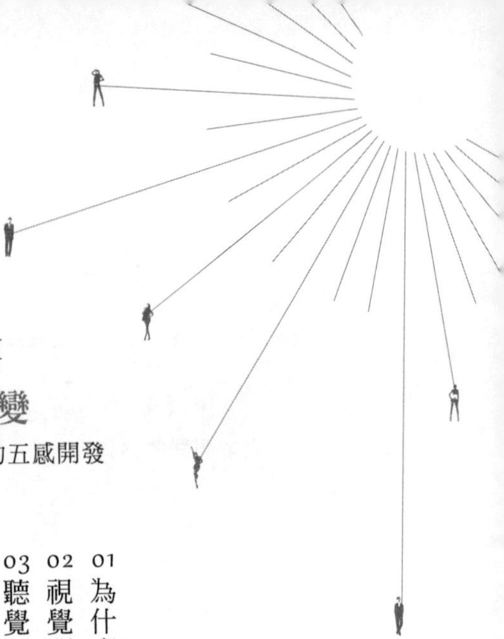

Ⅲ

蛻變

改變覺知的五感開發

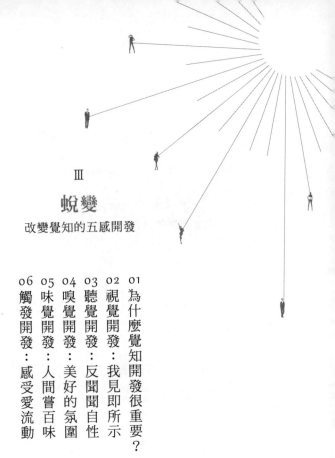

IV

行動

反璞歸真的無垢境界

推薦文

《華嚴經》上講：「水清月現，月本非來，雲遮月隱，月亦非去。」唯有覺，才能明心見性。作者在此書中，提醒我們先接受自己的不完美，覺察自己的起心動念，再來成就覺性的人生。

——**尤淨纓**
元智大學管理學院助理教授
日本京都大學行為經濟博士

這本書教你學習跟自己獨處，認識自己。只要你的心不再支離破碎，你就能看見整個「自我」。你所覺察到的整體就是真相。

——**王鴻志**
流行時尚造型師

大家可以參考《醒覺力》的內容：多多認識自己，不管是在為人處事或者經營事業，都有非常大的助益！

——李府翰 **Alston Lee**

台灣新聞攝影大獎得主

資深傳媒攝影師

這書裡的四標：認識、明白、蛻變、行動，彷彿就是每個人生命小宇宙的循環。可能歡喜收割，可能五味雜陳……但精采的生活都是酸甜苦辣樣樣嚐過，這樣才更顯人生美味……。讓心，不管處在那裡，都能擁有一方純淨與謙虛的態度……也是我要跟言老師學習的地方。

——**胡色光**

國際鬼才設計大師

中國行為藝術家

言師仙手調腎骨，讓生命之花從先天根本上滋養綻放，帶給我們嶄新的生活面貌——感恩祝福言師新書出版。

——孫萌
中國中醫科學院
中醫基礎理論研究所 副研究員

由小到大，長輩們循循善誘的教導我們長大要汲汲營營，追求家庭、感情、事業上的完美。我的人生從未停下腳步，真正的了解自己要什麼……，但知道內心是空虛的。

本書由認識自己開始——醒，循序漸進的引導——覺，而後起而行——力，願與你一起共勉之。

——蕭亦嵐
美國 Lumitas Group 合夥人
美國 Yo San Traditional Chinese Medicine University 董事

言老師身邊總是高人雲集，初初認識言老師都有一種慵懶的感覺；初見平凡，一旦言談，滿腹經綸，總會給每個人點化和感悟，受益匪淺。對於一個從事藝術的人，感覺是我們不可缺失的部分，對待每一個人都是以形象來做記憶的符號；相由心生，一個人的內心決定他的形象，而言老師卻可以通過改變形象來改變心態，通過改變面部的骨骼，來改變內心的生命科學理論，從而創造一個全新的人生。通過他對生命質量的分析，來改變人生的軌跡，這種反向的思維方式，讓我打開了另一種形而上的思考？「生命是一種很神奇的存在，每個生命的聚合而產生的果即為生命，『生』分成有形與無形，有形即為我們肉眼能看到的大千世界，無形則為意識界……」，希望言師的書能讓大家有一個全新認識生命的方法，同時感謝言老師給予了我們一種以關乎生命本身的角度，再次認識自我，進而改善自己。

——**滿開慧**

中國首席創意珠寶設計師

【自序】

誠實接受自己的不完美

夫道者，有清有濁。——《清靜經》

人如水，有清有濁，清清濁濁由心性而定，命如水，有清有濁，清清濁濁由覺性而定。

每個人最高的追求，莫過於如水一樣的品性與本質，時能在天空遨遊，時能在地上流動，無論遇到什麼樣的事物，皆能順著流走，不為所動。遇到再大的困難，依舊保留純粹本質，一點一滴，一步一印，滴水穿石。唯有一點各自不同，那就是「清濁自召」。

打開內在的視覺，看見自己

人生在世，我們要用什麼形式的品質，創造、轉化、突破生命原本設下的種種挑戰。

生命是種好奇，在好奇中，我們編寫著自己的一本書，一旦出生，我們就打開了潘朵拉的盒子，盒子裡頭有好有壞，有開心有難過，有種種我們無法想像的劇情，有我們相約共同譜寫這齣人生大戲的夥伴。

挑戰就像是一道巨大的城牆，我們在這其中，理解、看見、明白此世的架構，逐步地拆除這些城牆，追逐著城牆後迎面而來的曙光。

生命總是有意無意的帶領著我們，走到十字路口，看不清，也不明白，生命究竟帶給我們的是什麼。

有些人在這個過程中跌跤，再也起不了身，責天怨地，有些人在這個旅程中不斷穿越，不斷學習，將生命視為一趟旅程，一場驚奇萬分的遊戲。

無論如何，每當在這混沌狀態中，學習著古老神話中的盤古，脫除我們糾纏不清的殼，開天闢地。

那些紊亂的思緒與情感，恐懼與分別的枷鎖，不再是生命的全部，我們可以將這些分離開來。

我們終於可以喜悅地經歷生活，而非只是生存，在這些愛恨情仇、悲歡離合中不斷的拉扯。

在理解「清濁」這個狀態之前，我們必須打開「內在的視覺」，第一項挑戰就是學會「看見與識別」，這是一場心性的課程，一場絕無僅有的學習。

誠實面對自己，接受種種不完美

有人可能會問：「何謂看見，我們要看見什麼？」

在看見之前，要先學會「誠實」，它就是一切的藥引。

我總認為獨處是件重要的事情，這種獨處不是孤僻，也不是避世，而是找到「個人的空間」，安靜的與自己相處，允許一切從內在湧出，也許是平常壓抑的情感或是思緒，也許是洞見或是更深刻的智慧。

無論如何，在這個片刻裡，帶著誠實與自己相處，回顧過往生命直到現在，所有的謊言，承認自己的過失，允許自己的黑暗與醜陋，從心中湧出。

明白自己不是聖人，總是學不會愛，學不會誠實，總是在說謊，為了證明自己的存在價值，證明自己是個有用的人，證明自己是值得被疼愛的人。

明白自己原來被巨大的恐懼所包圍，深怕自己不值得被別人疼愛，在別人認可我們之前，我們早就為自己打了零分出局。

明白自己總是忽視內在的需求，忽視自己其實就像是個孩子，需要做自己的空間。

在這個世界裡，人們已經習慣戴上面具，做個好孩子，做個好伴侶，做個好員工，做個好老闆，生命的關係，我們有太多的角色要扮演，總是妄想將每個角色扮演到最好，最後才發現自己根本做不到。

我們不是神，更不是什麼聖人，人們內在有的，只有最真實的愛恨情仇、七情六慾。

我們要帶著「誠實」面對這一切，因為「種種的不完美」是我們一生最害怕承認的事情。

當「誠實」這種藥引走進了黑暗，黑暗不再是黑暗，黑暗會是一道光，會是一片肥沃的土地，有著深厚的養分，帶給你滋養，帶給你支持，也帶領著你認識愛。

明白黑暗中有最深刻愛的訊息：「愛你自己的本來面目，因為你生而如此。」

一旦帶著「誠實」，就學會了「看見」。

我們就如同盤古擁有劈開一切殼與枷鎖的斧頭，劈開所有的混沌，劈開所有的雜訊，允許光，從殼的裂縫中，灑落在自己的臉上，灑落在本來面目上。

無為而為，找到真正的清明

識別本身是一種狀態。一旦我們擁有了「誠實」與「看見」，我們要進入更深的層次，看見自己所有起心動念，看著所有念頭與信念，背後動機；去理解自己為何這樣想，為何生出這些念頭與信念。

這是一種「深刻的覺察」，亦或者是「更深的覺知」，是一種無須用力的「探索與探討」，這裡的關鍵字是「無為而為」。

就只是明白而已，明白內在的動機後，不做任何的評判與論述，像是坐在列車上，領略著一路上的風景，只是感受著、經驗著這些事物，甚至能夠看見這些事物背後的美。

念想好壞，最簡單的判斷基礎，就是明白自己的念頭，是否出自於「無條件的愛」，這份愛，沒有條件、沒有目的，是對自己也對他人友善。這裡頭沒有所謂的犧牲，不需要犧牲自己，也無須犧牲他人，沒有勉強與將就，沒有任何的負重。

識別是一種覺受，不是頭腦的判斷基準，更非人世間的道德判斷，識別本身就是智慧，能辨別出所有事物，是否出自於「無條件的愛」。

無論是好的念想，還是壞的念想，都只是一幕幕的風景，你感受、你經驗，然後讓一切從視野中流過，不做任何的強留，讓一切像是手中的沙，慢慢地流逝。

一開始我們識別好的念想，或是壞的念想，然後進入一種瞭解，剩下的就只是經驗。

帶著「誠實」、「看見」、「識別」，就好像是裝上的衛星定位系統，擁有了一種無法言語的狀態，開始明白什麼是內在的清與濁，什麼是生命的清與濁。

「禍福無門，惟人自召。」這個世界充滿著關聯性，每個人與人之間環環相扣，萬事萬物也環環相扣，你是什麼品質的人，就會遇見什麼品質的人事物。

當然這其中有很多的因素，會影響內在的清濁或是生命的清濁，但在此不做多餘的探討。

如何從混濁（與愛相違背）的狀態裡，跳躍至清明（無條件的愛）的狀態呢？

運用內在煉金術，也就是前面所提到的打開內在視覺，透過打開內在視覺，在「誠實、看見與識別」中，轉化所有「混濁」，點石成金，讓自己恢復「清明」。

將焦點放在能夠處理與轉化的地方，也是一切的初始與源頭，那就是「心」，一切的事物都是來自於心，由心所造。

心的層次裡頭，將焦點放在意識心，這也是我們能夠觸及與處理的層次，意識心與感受相互交流互動，也互相影響著，藉由改變感受或是直接改變意識心的狀態，創造新的局面。

如果你願意，希望從這本書開始，讓我們誠實接受自己的不完美，一起迎向嶄新的人生！

【前言】
當我們攀爬人生這座大山

吾不知其名，強名曰道。——《清靜經》

無論是誰，我們都只能同意，在人的生命中，總是有一股看不見的力量，支持著我們的生活。

一股深厚之愛、無盡智慧、無限力量，形成著這個世界的一切。它可以是量子物理學裡，所謂的「能量」，它可以是現代的科學裡，所謂的「規律」，它可以是古老神祕學裡，所謂的「光源」，或是在中國古老文化裡，所稱的「大道」。

我們都是攀爬人生這座山的旅客，每個人會在自己所處的位置，各自領略生命高度所帶給我們的風景。

生命最偉大的一個面向，就是我們可以用自己的語言，闡述生命中一幕幕的風景，就算是同樣的事物，也會因為每個人表達的形式不同，而有各自的芬芳與美麗。

每個人就像是一朵花，在宇宙花園裡，各自成長茁壯，也滋養支持著彼此，無論是否認知更高層面的事物，我們早已是其中一員。

大道至簡，每個人都只是一個「點」，生命本身就只是種聯結，就如同細胞與細胞之間，粒子與粒子之間。

在粒子中，稱之為鍵結，在生命中，稱之為關係，使所有關係都充滿無條件的愛，就是最偉大的「道」。

人生是所有點、線、面的聚合

在這一生中，我們所要遇到的人，遇到的事物，都不是偶然，每一幕畫面，都是一場學習。

生命本身就是大道，人體就像是整個宇宙，心就像是一切的源頭，我們選擇用什麼形式活出自己，以及創造、經驗生命本身就是最偉大的事物。

人要做的只是好好的品嘗生命帶給自己的一切，無論是喜怒哀樂，還是悲歡離合，或是乘著愛進入更高的進展。

及吾無身，吾有何患？——《清靜經》

「你不是你。」人只不過是萬事萬物的組合。

每個人都是由母親懷胎而生，然而在母親的懷裡，我們的身體又是如何而造的？

除了父精母血，我們還藉由母親所吃的食物帶來的養分，逐漸形成軀體。出生後，這副軀體也藉由大地帶來的食物，接受滋養。

每個人都是藉由這個宇宙、這顆行星所養育著，我們的身體，不過是所有物質集結聚合而來。

所謂的「自我」不過是種鏡射，是「頭腦與五感」相互運作而來的一種錯覺。

「當你睡著時，生命開始運行。」自我中心一直都不是問題，人需要適當地滿足需求與慾望。

當頭腦中的「我」成為了一份執念，過度強化身分認同，它就會是個問題。自我認同被強化時，所有的情緒與執著，也隨之被強化。

這樣狀態的人將不斷強調自己的苦難與受害，亦或者不斷強調自己的特別與獨特、與眾不同。

每個人的生命在無形之中都在被滋養著，但這份執念使人散盡生命力，像空轉的機器，不斷耗損，直到生命完全失去力量。

「生命從來沒有問題。」問題本身就是標籤，是我們為事實添加了自己的見解，認為這是好的、那是壞的，這是令人喜悅的、那是令人厭惡的。

一旦我們脫下標籤，事實本身只是事實。事實本身不會為人帶來困擾，帶來困擾的是頭腦而來的標籤與感受。

順著流走，找到道路和方向

道常無?而無不?——《清靜經》

「一切都自動運行著。」帶著這份瞭解，重拾生命力，這次允許自己重新創造，更新自己。

就好像日月星辰在宇宙裡，不斷的公轉自轉著，從未停歇，生命也是如此，在寧靜中運行著，沒有任何事物能夠阻擋生命發芽的權力。

回憶這一生，是否有重複的議題，不斷在生活中發生，也許是關係破裂，也許是事業上出現難題，這些一再重複的事物，只不過是生命對我們的提醒，提醒著我們不要逃避，不要讓這些負荷，阻擋藍圖的進展。

凡事都有它自己的規律與節奏，只要寧靜的理解一切的程序如何運作，放鬆自己，不要緊張，就算生命遇到困難，深呼吸，然後輕輕的向前走。

不要停下腳步，一旦停下來，一切都會跟著你靜止，生命會開始對你施加壓力，促使你繼續前行，停留越久，壓力就會越來越大，許多人就是在這一過程中遇到磨難。

生命如大河，不要阻擋它的前行，也不要試圖控制它的走向，你要做的就是放鬆，將自己安放在水面上，它將帶領你，到你該去的方向，生命會帶著你，完成你希冀的所有願望。在苦難的片刻，每個人都要學習信任。

道者萬物之奧。——《清靜經》

從古至今，每個人對於它的見解與感受皆是不同，也因為詮釋的方式不同，每個人獲得的也有所不同。

道就如江河海水，適用於每個人，每個人都從它這裡得到各自所需，無論你是科學家、宗教家、有神論者、無神論者，還是上班族、家庭主婦，沒有一個能離開這個範圍。

我們能將它畫一個範圍，也許是某種人格或神格，也許是某種力量，也許就是我們自己。

當這個世界完成時，所有的一切都涵蓋其中，而每個人都是共同創造者。
道本身就是生命，生命本身就是道，身為人可貴的地方，就是當我們攀爬人生這座大山，我們已經在開創屬於自己的道路與旅途。
我們各人的選擇和決定，都將帶我們前往所想要的方向。
感受這場醒覺力，一起出發吧！

I

認識

看見自己的本貌

相由心生，臉相上骨頭的角度，

就像上天給予我們的軌道。

1-1 認識自己的臉相

清、濁加上四象——
生老病死，
即成了八種臉相類型。
搭配五行，
使「相由心生」變得可能。

太極生兩儀，兩儀生四象，四象生八卦。——《易經》

相由心生，但一出生只有相的顯現，如何判別初生孩子的心的狀態呢？臉相上骨頭的角度，就像上天給予我們的軌道一般，古代有兩派學說，各主張人性本善，以及人性本惡，我覺得用善惡來區分用詞重了點，所以改用「清」「濁」來區分，更為容易理解。

八種基礎面相的人格特質

清，換而言之就是簡單，與生俱來比較樂觀、開朗，以生活喜悅為主軸，進而衍生學習動力，依個人興趣而學習，自身比較具創造性，偏感性，重的是感覺。

濁，一出生比較缺乏安全感，與生俱來思慮重，因缺乏安全感，所以生活以平安無事為主軸，以生存能力為學習動力，比較具有執行力，偏理性，重的是原則。

四象則是人生的四個過程——生老病死，所以清與濁都各自有四種現象的模式，所以總共有八種的基礎臉相。

清生

以自身的喜悅、熱情，感動影響身邊的人，進而衍生自我的存在價值，以善為樂，喜歡生活在當下。

清老

以自身的喜悅與熱情，所產生的經驗價值，進而在他人的世界裡產生領導他人的能力，與清生的不同之處在於對權力的渴望，一樣是善，只是有所求的善，所以喜悅通常在讚美之後，而不是在過程。

清病

架構在善良簡單的本質上，但比較容易受外境影響，內心與外在常常反覆糾結，通常比較有一顆愛幻想的心，所以無法完全抵禦現實社會的種種現象。

清死

通常此一類型都有崇高善良與較高的道德標準，外境的種種過於污穢，所以人生感覺就像在垃圾場生活一般，無法改變外境的現象，進而衍生出致命性的失望，所以無感，不愛接觸周邊人群，喜愛獨居生活。

濁生

沒有安全感的底質，生存變成了一種價值的來源，佔有及征服為生命的主要目的，對於價值的分析清楚，利弊得失成為評判的準則，較有韌性、主管意識強，不易妥協。

濁老

與濁生最大的差異是，因為經驗的堆疊，所以更懂得變通，求生的本質讓此一類型的人，處事更為圓融，無利而不為。

濁病

注重生命的本體，比較以人身安危為衡量標準，但又無法完全無視於物質的世界，所以矛盾心態由此而生，比較容易輕言放棄，不易堅持。

濁死

是最缺乏勇氣與決心的一種組合，像寄生蟲一樣，沒行動力又不愛思考，想死又沒勇氣，所以人生喜歡附著在他人之上，總覺得世界對自己不公平。

所以八種組合有其不同的現象，以及思維方式，我們將其稱之為天性，是基因或者是業力，也可能是懷胎過程中所引起，其中不可考。

事實上，每個人都在這八種現象之中存在著，之後開始因現象而產生與世間的互動，最終成為了獨特的生命軌跡。

所以，這個分析可以讓我們更早的知道，相對應的環境如何產生不同的心境，最後才使「相由心生」這句話變得可能。

人格的五行之氣

八種臉相類型之後，人格再區分為五行之氣：金為嬌貴、木為耿直、水為多情、火為剛烈、土為淳樸。

金：貴氣喜愛穿金戴銀，天生感覺高人一等，內心缺乏安全感，容易害怕意外與死亡，五行相剋金以火克之。

木：其個性耿直太過直接，容易傷人。天性正義感重，比較自我，不易接受他人想法。相剋以利誘之，因天生缺金固容易被利所趨。

水：多愁善感，內心柔弱。常常會想要討好別人，來換取安定感安全感。水性之人大多為濫好人。愛面子，因為面子尊重得來不易。相剋以土克之。

火：個性剛烈，暴躁易怒，因從小不得寵，故性格叛逆，喜歡走自己的路，愛唱反調，喜愛被重視之感覺，

相剋之法以水澆之，初期水太小易被蒸發，但時間長了，火熄了就服服貼貼，故有鐵漢怕柔情。

土：土形人敦厚，天性善良，腦袋少根筋，易知足。因天生善良怕傷人，故個性缺乏主見，容易跟隨耿直之人；敦厚老實的個性，對於木屬性的直接明白的個性，必然跟隨。

認識自己的臉相，了解自己所屬的五行屬性之後，就能穿透奧秘，開啟生命大道的第一扇門。

1-2

第一印象，成功的契機

擇其相生，
避其相剋。
明瞭其中的奧秘，
做起事情來就能夠事半功倍。

古往今來，唯有戰勝自己，才能夠戰勝世界上的種種挑戰，「知彼知己，方能百戰百勝」，這句至理名言又能夠在自己身上產生幾分效用？

臉相五行，是指臉相上所呈現出來，給人第一時間的感受，暫且定義為「第一印象」。

覺受能力和反應模式

第一印象，完全展現在覺受力和反應上頭。

每個人都被上天賦予五種覺受的能力，來判斷周邊人事物的變化，進而衍生出相對應的反應模式，同時也在接受別人給予我們的評價。視聽嗅味觸，即是五種覺受能力。

◆視覺感受

對於色彩、線條、空間感、協調性，所產生的差異，進而影響思考方向以及價值判斷的標準。

◆**聽覺感受**

不同的音頻帶給人不同的內在感受，低音帶給人平和與昏沈的感受，中音給人愉悅順耳感，高音給人亢奮激盪的感覺，超高音給人刺耳揪心的恐懼感，抑揚頓挫之間，可以聽出人生的變幻無常。

◆**味覺感受**

民以食為天，所以味覺是人最重要的快樂來源之一，酸甜苦辣百般滋味在心頭，所以不同的心境之下，人對味覺的需求也不盡相同。

◆**嗅覺感受**

嗅覺的感受通常影響的是人的穩定度，味道通暢會給人安定舒緩或者是刺激，每一種味道帶給人的感受皆不相同。

◆**觸覺感受**

通常觸覺感受帶給人內心的安定感或稱安全感，安撫、擁抱都可以讓人內心安定。

關於人的反應模式，可以分為接受和挑戰兩種。

◆關於接受模式

生活中總是有一種人，走到哪裡都會被人重視，總是會讓很多人喜歡。他的臉相看起來就令人感到喜悅討喜，使人產生接納的狀態，無論做了什麼事情，總是能夠將大事化小、小事化無，工作上就算沒有突出的表現，依舊能夠得到上司或老闆的注意。

▪ 案例：

先前有一位從事珠寶業的人士，原本的臉相看起來有點嚴肅，笑起來很僵硬，給人感覺微笑都是硬擠出來的，臉上有很多稜稜角角的線條與角度，缺乏親和力，所以每次接近客戶總被婉拒，雖然專業能力非常好，但是給客戶的壓迫感很重，根本不給她說話的機會。

所以空有一身的專業知識，也毫無用武之地，起初我給出建議，希望她回家面對鏡子每天練習笑容，至少得喜歡那出現在鏡子裡的笑容。

經過兩個星期的練習，她向我表示，每天都得接受顧客的拒絕，回到家裡內心總是充滿苦悶，實在很難維持自然甜美的笑容。

經過幾次的溝通後，發現她在銷售物件時，內心承載著公司給的業績壓力，整個人都無法放鬆。

壓力顯現在肢體語言與臉部線條上，自然會受到顧客的抗拒，畢竟人在消費的過程中，總是希望感受到愉快的氣氛，如果身旁有人內心與臉上都帶著壓力，又不斷在身邊推銷時，消費無形間就成了一種受罪。

當人在現實中感受到拒絕，內在又無法取得寧靜與平衡，無法消化的無力感，便會外顯出來。

之後又給了一些建議，既然無法透過內在調適，達到心生好相的效果，藉由臉相調理，至少可以改變自己在他人或鏡子裡看到的感受。

我們將她的有稜有角的角度修成圓潤狀態，將臉部肌肉紋理往上提，增加甜度、柔和度，之後她看到自己笑容甜美了，調理過後，顧客對她的接受度逐漸變高了，兩者開始產生良性反應，業績增加了三倍。

千里馬也需要遇到伯樂，專長再厲害也需要舞台，才得以發揮。所以第一次見面的感受是很重要的，不論是自己對自己的感受，還是他人對自己的感受。

◆關於挑戰模式

因為第一印象給人的感覺並不好，在往後的日子裡，只要這個人做錯一點小事，就會被放大解讀。或者明明沒有做錯任何事情，一旦群體中發生負面事件時，大家第一個想到的人，就會是他。

以比例來說，前者在十件事情中，只需要做到一兩成就能夠得到認同，其餘七八成的過錯或是尚未達成的事物，都能夠被理解。後者在十件事情中，只要有一兩成的過失，哪怕是做對了七八成，依舊得不到該有的價值。

・案例

偉恩前額寬大，兩顴飽滿，眉清目秀；紹華前額窄小，兩頰塌陷，眼露凶光。前者為新進員工，後者為資深員工，兩位剛好都在同一部門。

偉恩因為是新進員工，所以很多工作事項，不如紹華來的嫻熟，當主管交代工作項目給偉恩時，偉恩總是亦步亦趨，得向主管確認每個項目細節，因此完成的時間就相對地慢，甚至還有些細節沒有處理好。而紹華因為已是資深員工，了解主管的標準與公司的資源，能夠以最快的時間完成項目。

乍看之下，應當是紹華在主管眼中比較亮眼，卻是偉恩常常受到主管的稱讚與提拔。

這樣的差異來自於面貌給人的第一印象，當紹華初來乍到這家公司時，給主管一種獐頭鼠目的感覺，而偉恩剛到公司時，給主管一種乾淨清爽的感覺。

這樣簡單的第一印象，烙印在主管的腦海裡，自此之後，無論紹華做得如何亮眼，主管注意的依舊是偉恩。

「第一印象」影響著每個人對自己的感受，這也是俗稱的「印象分」，如果一開始就能夠達到七十分、八九十分，甚至是一百分，對於一個渴望獲得成功的人來說，是件非常重要的事情。

這也許是升遷的契機，也許是談好大項目的機會，為何要讓幸運白白從手中溜走呢？

五行屬性的相應性格

明白臉相對於一個人的重要性之後，接著讓我們了解五行元素的部分。

五行基本上分為金木水火土，有相生相剋的屬性概念。

對於金屬性來說，個性比較屬於精練型；木屬性來說，個性比較屬於耿直型；水屬性來說，個性比較屬於多變型；火屬性來說，個性比較屬於急躁型；土屬性來說，個性比較屬於憨厚型。

以下就個別來看看：

金屬性

給人感覺到高處不勝寒的氣質，似乎有種傲氣藏存在其中，對事物的價值分析能力強，所以大多數看起來都會比較精明、幹練，缺乏感性且理性層面又過多，簡單來說有種獨善其身的感覺，不易使人親近。

通常也比較帶才與財，行事作風會比較謹慎小心，在顴骨的角度上不會太高。因為擁有的東西多了，也比較害怕失去；對人身安全與健康比較重視。

木屬性

給人的感覺耿直、剛毅不拔的氣勢，天生就有一股莫名的正義感，個性比較外顯，脾氣一點就燃。

性格屬於不容易動搖地擇善固執，有種捨我其誰的氣魄，與性情相投的人比較有緣份能夠親近。

木屬性的人比較有個性，顴骨會比較寬。

水屬性

給人的感覺柔和多變，天生就是談判高手，處事圓滑，待人面面俱到。總能兩方討好誰也不得罪，此類型的人總能滿足、安頓自己。

對於價值的判斷，總能細細分析直至一目瞭然。深諳見風不轉舵的道理，卻能夠搖曳東風、投其所好，與各方人馬都可以和平共處。

水屬性人的眼睛，通常會呈現一種無辜感。

火屬性

給人的感覺急躁易怒，缺乏耐性，對於事物的判斷力極低，通常都隨個人的好惡行事且善變。

注重個人的自尊與面子，外在的一切事物都比內在來得重要，極有可能是物質主義者，雖然如此，內在依舊渴望被他人所理解；承擔過多的挫折與失敗，容易對外在世界產生強烈地抗斥心態。

火屬性的人，通常呈現在眉骨跟顴骨的地方，眉骨會比較外膨，外膨的人眼壓比較高，個性也較具侵略性。

土屬性

給人的感覺是和平的愛好者，天性誠樸溫厚、善良真誠，性格方面較沒個人意見，也可說是沒有個性。看淡事物的價值，也鮮少去分析亦或評論。日子一天過一天，是一個樂天主義者，總是希望天下太平，求無事一身輕。土屬性就是比較憨厚，憨的表現就是臉偏圓，圓就是指圓潤度，通常土屬性個性比較隨和，所以額頭會比較屬於飽滿一點。可是不會前傾，會往後倒，顴骨的部分因為比較知足，會偏上面一點，向內縮一些，會比較沒有個性。

在五種運行的路徑中，能夠發現每條路徑的模式都有所不同，每一種都有其相生與相剋的對應。

如果每個人都能藉由臉相、感官、五行之間的關係，了解自己的屬性，明瞭其中的奧秘，依此架構來透析自己的特質與模式，在人生的路上，擇其相生、避其相剋，做起事情來就能夠事半功倍，快速地達成個人目標或是團體願景。

1-3

五行人的事業、健康和婚姻

透過因果法則
創造出好的「緣起」。
天時、地利、人和兼備，
即能運行財富，
凡事水到渠成。

每個人的狀態都會由個人的面貌而表現出來，也因為如此，臉相上的五行與每個人的生活際遇息息相關，甚至會影響生活情境與品質，或是任何能夠想像到的層面。

透過因果法則創造緣起

對於外在世界而言，因果法則是必然的科學。

這個世界從來沒有任何的運氣一說，只是人沒有辦法看見時間距離過長的變化，例如久遠的過去或未來。所以在時空流動中，可以將所有的發生通稱為「緣」。

就如同開一間餐廳，來店的客人數量，取決於經營者與所有同仁用了多少的心思。心思越是能貼近人們的需求，生意自然就越來越好。

透過因果法則來創造出好的「緣起」，是非常重要的一件事。

「相生？相剋？」在人與人之間，相生狀態其實簡單就能夠察覺。一見到面，就能夠感覺到很投緣，彼此之間有許多信任的感覺正在流動，雖然兩個人可以是完全不同性質與背景的人，卻擁有互補的關係。就如同黑臉與白臉的關係一樣；一陰一陽、一裡一外，卻又能成為一個完整體。

相剋狀態充滿著一種無緣由的無力感，使人又愛又怕，在這兩人之間，其中一人需要很多的安全感，而另一人充滿著掌控的慾望。彼此之間相互拉扯，卻也相互依賴對方的存在，在這其中誰都無法感受到真正的快樂與喜悅。

「擁有愉快的關係」這一句話，似乎與相剋狀態的人非常的遙遠。所以才有「冤家」這樣的詞彙，這是一種價值不對等的關係呈現。

其實從來沒有運勢，或者是運氣的問題。想要結果盡如人意，就要盡可能的明白，在他人的眼裡，自己究竟是什麼樣的狀態呈現！

現在就開始明白五行的對價關係，將自己調整至最佳狀態。

五行人各自適合的職業

工欲善其事，並先利其器。透過了解自身五行元素的屬性，找到在職場上相對應的工作類別，以此「對號入座」能夠幫助自己，比較容易有事半功倍之效用。

當然五行元素的細節是如此地龐大且複雜，在這裡無法詳盡解釋，所以本書在這一篇章提供的是「方向」。

生活中的第一步永遠是最重要的，第一步攸關著過程的品質與最終結果，所以走在對的方向，也是非常重要的一件事。

現在就來看看每一類型的元素，相對應的職業類別有哪些：

◆金行人

擅長於理性分析，數字方面的計算能力也較其它屬性強，對於事物的價值判斷，以及因果的對價關係，有著強烈的敏感度。因此，能在第一時間看見人事物的價值，且擁有獨到的眼光。

・適合職業：金融業、珠寶業、任何類型的估價師。

此類型的人如不創業，在公司內較喜歡待在管理階級，如放在人資部門，或許能夠為公司帶來佳績。

◆木行人

耿直、且急公好義之特質，加上對於事物有擇善固執的執著，適合需要大量專注力與續航力的工作，如果能在這樣的行業待上許久的時間，就能夠開花結果，甚至成為行業裡的一方之霸。

・適合職業：需要專業技術或能力的工作。例如軍公教、政治、司法、文化、文學、藝術等。

◆水行人

對於人有極高的敏銳度，非常的靈活且敏捷，擅長於溝通表達，又或者懂得在適當的時間上，透過表現籌碼以及特長，而獲得期待中的結果。

若能夠放在對的位置，如公司對外的窗口，或是公司內部同仁的窗口，就能夠發揮此類型的人的最大潛能。

・適合職業：需要溝通表達，或者是談判要角的工作。例如媒體業、招商、仲介，以及專業的靈性療癒工作。

◆火行人

充滿活力與行動力的特質，以及需要大量成就感。

通常這樣類型的人，非常喜歡發光發熱，希望能夠在世界中展露光芒。變化也是最高的一個類型，任何其它種類的元素，似乎都能夠在火元素的人身上發生，也許能夠像木型人，投入大量專注力與續航力，成為一方之霸，或是像水型人能言善道，充份表達自己。

其中最重要的是條件是「被重視」，一旦這把鑰匙啟開了火元素的大門，火元素將會以最快的時間，符合在這行業中發光發熱，所需要的任何條件。

・適合職業：基於所有因素，火元素適合創造類型的工作。例如娛樂業、評論家、心理學家、演說家，或是表演工作者等。

◆土行人

一枝草一點露，腳踏實地。屬於按部就班類型的人，對於每件事物的追求不會太多，只求凡事恰到好處即可。

因為喜歡平凡的生活，任何不需要短時間完成或是急迫性、速度感不高的工作，都非常適合。

‧適合職業：穩定類型的工作。例如土木工程、建築設計、顧問、代書，或是小本生意等。

雖說五行元素可以幫助每個人適其所好，找到適合的行業別，但當人有突破關口的決心與絕佳行動力，任何類型的行業別，其實都是可以勝任的。

最重要的是了解自己，並且突破個人的舒適圈。

打開通往成功的三大視野

天地宇宙，八方上下。在這個不斷進展的時間與空間之中，人們無法完全探究所有隱藏其內的知識與奧秘，但從古人所累積下來的智慧與經驗，現代的人還是能夠推敲一二，若有似無地汲取到，這如同母親子宮的宇宙，所要帶給萬象的養分。

豐盛其實不難，無論是事業、財富、關係，任何類型的豐盛都可能來臨，只要順應天地之理即可。

有情世界總是會準備好足夠的資源給每一個人，重點是人們究竟是否理解其中的規則，使資源能夠流到自己身上。

在學習五行元素之前，要先打開三種視野。如果運用得當這三種視野，有助於快速披荊斬棘，斬除成功道路上的障礙。

◆第一視野：天時

社會上每個成功人士都懂得運用時機，每一項決策都必須要在對的時機進行，決策如果放對時機，將會產生巨大的效益，反之，將會造成不必要的損失。

然而運用時機也不是件容易的事情，平日應該養成觀察世界局勢的習慣，無論是政治脈動、經濟趨勢、外交活動或是全球的軍事活動。因為任何一項資訊都是重要的，這些都是敏銳度的培養，也是數據的收集。

全觀思考是重要的，不但要掌握世界現狀，還要清楚地知道所有脈絡，以及能夠推演世界未來走向。更重要的是要懂得順勢而為，知道何時是屬於自己的最佳時刻。

有鑑於平常資訊的積累，人的直覺與感受也變得敏銳起來，一絲一毫的動靜都不要放過，一定要再三省思，說不定隱藏在這世界中的許多機會，將被你所發現。

◆第二視野：地利

仔細分析世界局勢的資訊與數據，以及所屬行業在當地社會環境中所處的位置，最重要的是了解自己有多少實力，有助於釐清情況，找到適合自己的有效資源。

知道弱點才有可能進行調整，盡可能擴充個人的實力，將自己變成有籌碼的人。

機會不是從天而降，而是從細節開始培養起。人與人之間的關係，總是會因為文化背景而聚在一起，藉由這樣的連結，找到自己的戰略位置，也是很重要的。

如果目前的環境，不允許自己有更大的成長或成就，那就為自己開疆闢土，為自己創造出絕佳的人脈網絡，找尋資源、創造資源，不要讓環境決定你的去處，而是拓展所有可能性。

每個人身上擁有的資源，都會是你的地利之便，善用每個人攜帶的資訊，就有可能為自己創造更好的局勢。

◆第三視野：人和

人和，有很多的面向。以企業來說，將員工放在對的位置，使員工發揮最大所能，是人和。以個人來說，辦公室的人際關係是重點。

當你需要完成一個項目時，如果能夠獲得同事的鼎力相助，或是主管的認同提攜，那就表示與人之間已經達到人和。

達到人和是不容易的事，平常就要懂得真誠以待，懂得做人，將自己的信用與名聲做出口碑，在群體中建立正面積極的形象，有助於日後與人交往的情況。

正直誠信、尊重他人，以及人與人之間的互相支持與幫忙，是同儕中最重要的事情。你不曉得身邊的同儕，是否哪天會是自己的上司主管，又或者未來對方可能會是你的下屬，而你能不能得到這位下屬的心，願意對你鼎力相助。

無論如何，在平時就要培養自己與人之間互助互重，有好的人際關係，對未來各方面，都會大有助益。

天時、地利、人和三種視野具備，即能運行財富，凡事水到渠成。

五行人的事業、財運、婚姻的小叮嚀

任何一位在社會上有成就的人，不會只靠一己之力，單槍匹馬而達到巔峰，能夠完成願景的人，懂得找到適合自己的環境，將自己放在對的位置，才能夠快速且穩定的創造財富！

五行元素的細節與搭配，牽涉許多的因素與條件。或許現在的伴侶關係處於五行相生，但情境一轉，當事人狀態一換，變數就開始產生。

每個人都具備五行元素，主要是元素在每個層面的比例配比問題。

良好的伴侶關係，指的是五行元素的相配度較高，或者能夠彼此調和至相生。

以基調來看，相生就會念情，相剋即會生怨，或許關係長久，但品質卻未必盡如人意。

謀事在人，成事在天。最好的模式，應規劃為三分天助，七分努力，反之七分天助，三分努力，實則變數叢生。

以下就五行元素的人，給予一些小叮嚀：

◆金元素

善於理性分析，所以易得天時。但缺乏感性層面，容易忽略同理心，缺地利。土生金；土性之人同理心重，懂得自他立場的轉換，所以可以互補。

人和的部分可以以水互補，金生水則是這個道理，所以金水土三者為創造財富的搭配模式。

天時、人和、地利；以金元素掌舵方向，以水元素創造良好人際關係，以土元素進行管理創造。

◆木元素

有強烈正義感以及對事物執著，處於人和與地利之間參半。木生火；火元素是執行力的貫徹與推動，通常帶有一半的天時，也就是擁有某方面的直覺，在合作時容易將木元素燃燒殆盡，很容易發生衝突。

水生木；水元素帶人和，也帶有一半的天時，也就是投機。所以易變的天性也與木元素的個性有所衝突，這三者之間的合作財運很兩極，適合以火元素掌舵方向，以水元素為內調和彼此，以木元素為外尋找契機是不錯的搭配方式。

◆水元素

八面見光，對人與人之間非常地敏銳，對於人性與人心有一定的明白，所以俱備人和的特質。水生木，金生水，依照先前對於木元素與土元素的屬性與特質來推論。

此組合以木元素掌舵為方向指標，金元素主內進行管理，水元素主外進行人際關係的擴展與安排。木元素精益求精、擇善固執的特性，以及金元素的理性分析與價值判斷，這其中金元素有能力透過數據說服木元素，而被木元素所接受。

在此之後，水元素的能言善道與面面俱到的特性，又能為群體帶來更大效益，漲木元素之志，此一組合能夠成事。

◆火元素

有著無緣由的衝勁與源源不絕的活力，所有行動都依照直覺與第一判斷行事。

火生土，木生火；此一組合以土元素四平八穩的特質掌舵方向。以木元素精益求精的特質主內，以火元素的源源不絕地活力與衝勁主外。這是穩中求財之格局，能夠穩定成長，規模能漸次擴大。因土元素掌舵與木元素主內，創新相對會比較困難。

◆土元素

土元素誠實憨厚，善良質樸。缺乏如火元素般的動力，但具有人和方面的優勢。

土生金，火生土，以火元素掌舵方向創造新局面，金元素為掌舵者做風險管理以及理性分析輔為內，土元素為外，以穩重之姿，消除他人對於火元素過於浮躁的不安。此組合為快速致富之組合，創新容易，但要穩定成長就會比較困難。

這是五行元素在財富上的運行方法，其中有相輔相成，也有互相牽制之處。財運，也就是財的運行，要透過整個團隊融洽合作才會有的成效與結果，無論是事業、財運或是婚姻，都得靠自己用心經營，細細體會其中的訣竅。在此處提供的見解與方法，只能求個方便，利於找出個人癥結點，獲得解決之道。

每個問題背後，都有解決方式。不是沒有，只是未能探知；有可能是視野太小，也有可能是時機未到。無論如何，凡事用心尊重、和風細雨，方是大道。

五行人的健康提醒

內五行指的是心智力量，也就是五行元素對應到特質，在內在層面的運行；外五行指的是身體與面貌上的五行元素。內外調和，方能順行。

不過，對於呈現於外的膚色來說，並沒有特定的關聯與影響，如果需要深入探究的話，只有當事者居住環境或是文化背景，對於膚色有的定義與標籤。前面曾提過，人的面貌有兩種層面，一是與生俱來的兩種底質，就是所謂的「清與濁」。二是呈現個人狀態的四象，也就是所謂的「生、老、病、死」。

◆生

氣色紅潤、皮膚質地透亮，能夠帶出這樣的色澤是因為外五行與內五行，共同運轉調和一致而產生的狀態。

簡而言之，就是此人內在真實、表裡如一，能夠與自己相處得非常好；又或者說，心中沒有負荷與罣礙，怡然自得。

◆老

膚質與色調偏暗紅、缺乏光澤，這是因為內五行的運轉強過於外五行。在內在層面，太早走過一些心路歷程，影響著面貌有未老先衰的情況，五臟六腑中肺與脾臟，有可能會弱一些。

◆病

氣色偏黃，膚質較無光澤，有時甚至會有灰黑暗沉的情況，這是因為內五行與外五行，完全沒有在平衡點上的關係，因為相互背離與衝擊之下，產生了心力交瘁的狀態，某方面來說，就是常常事與願違，內在需求沒有得到滿足。

在這樣狀態的人，通常五臟六腑都不太協調，尤其是以肝、腎、胃為標的，然而心臟則是沒有任何令人疑慮的問題。

◆死

氣色呈現死白，毫無血色。這是因為內五行與外五行的力量不足，也有可能是因為尚未被啟發，導致無法正常運行，進而無法產生動力，器官上大多呈現耗弱的情形，均衡但無力，也可以說是提不起勁，對人生沒有方向目標，也沒有感覺想去追求世間的事物。

另外，以五行元素來看健康影響：

◆金：缺乏安全感，或是群體中的歸屬感。念頭很多且思慮過重，通常腎氣都比較不足，容易產生黑眼圈。

◆木：耿直、剛毅不拔的個性一點就燃。因為如此大部分肝火旺，個性容易急躁，較有胃腸的問題，膚色偏黃。

◆水：個性變化大，在轉換人生方向或是情緒的處理上，如果不順遂就容易多愁善感，有時甚至會鬱鬱寡歡。肺的機能容易耗弱，氣色伴隨著心情變化，時好時壞。

◆火：性子急，缺乏耐性，容易失去方向，且不愛學習。待人處事全憑感覺主導。血管疾病較多，膚色可能會有淡淡的磚紅色。

◆土：溫和愛好慵懶比較容易知足，缺乏周全思慮，凡事喜歡往好的方向想，事情來得快去得快，所以心臟機能比較差，膚色平常。

只要你能充分了解自我的狀態，對於問題作出適合的調整，這樣可以使身體保持和諧平衡的狀態，也讓內在保持愉悅的心情。

1-4

身體有它的記憶能力

人的世界裡
有著施與受的兩種關係，
施與受之間，
形塑出一個人的性格模式。

一個的人狀態會透過身體表達，尤其可以透過肢體語言，覺察到每個人當下的心境。

以臉部來說，則是透過肌肉線條的活動來表達，身體則是以肢體動作來呈現。無論是臉部表情，還是肢體動作，基本上都是不分種族的，也可以說這是人類的共同語言之一。

內心狀態與身體姿態的慣性對照

人的身體在這個世界上就如同一個載體，靈魂透過思想意念，進而轉化為情感覺受，透過臉部表情或是肢體彰顯。

呈現於外在的表情與肢體語言，成了人與人之間的另一種交流方式，這種形式無須透過語言或是文字，它更為真實。

一個人如果分享微笑，得到的回饋，也會是微笑。在某個層面來說，這也是一種因果——怎麼收穫，就怎麼栽。

所以在人的世界裡有著施與受的兩種關係，彼此交流互動而產生的關聯與回饋，也就形成了我們的人生。

施與受的角色之間，每個人的反應模式皆不相同。在這樣的互動中，形塑了一個人的性格模式，而性格模式則成為了一個人思維基調。

身體有它的記憶能力。每個人都是透過臉部表情以及肢體語言表達自己，在時間的薰陶下，身體開始產生慣性的記憶以及規律。

比如說，習慣於鑽牛角尖的人，眉宇之間自然窄縮，不會開闊。無精打采的人，絕大多數都含胸駝背。

古云：相由心生，內在的表達成為一種慣性時，臉部肌肉就會有記憶，如同鍛鍊身體一般。而頭骨的型態，將會因肌肉的拉扯力量的方向，形成不同的角度。

換個方式說，如果心態衍生出臉部的變化，被形塑成固定的肌肉線條與頭骨方向，將使一個人內在的活動空間受到侷限，肢體動作也是一樣的狀況影響著人。

當臉相與肢體語言，已經固定到難以改變的狀態時，人的內在就很難有更動的可能性。所以才有句話說「山河易改，本性難移」，原因大概就是因為如此。

外在的環境與我們的身體、臉相息息相關，以中醫學來說，情緒與身體的器官也有著密不可分的關係，而身體的姿態、人內與外的循環、健康密不可分，三者之間相互影響，可以是互助互補，也可能一起陷入負面的情況中。

以下是內心狀態與身體姿態的慣性對照：

◆翹二郎腿

身體上容易造成骨盆腔高低邊，進而衍生出腰部受力不平均，引起腰部酸痛。

翹二郎腿是內在狀態讓自己放鬆的一種現象，所以當人沒有自信時，慣性將腿翹起來，此時身體必然向前弓曲，會讓人有一種莫名的安定感。

◆含胸駝背

容易造成頸椎前傾，引起一些頭部及睡眠問題，常習性的駝背也會造成肋骨彎曲變形，進而影響到呼吸道的暢通，一般來說駝背的人容易胸悶氣短，而胸悶氣短容易讓人內心抑鬱，情緒不穩定。

臉相上的慣性，通常展現在骨頭的角度，進而呈現出肌肉的紋理與味道：

- 柔和：臉型飽滿圓潤、菱角少，肌肉紋理平紋微揚。
- 甜美：唇尾微揚，蘋果肌飽滿。
- 自信：主要特徵眼尾上揚，內眼窩較深一點，肌肉紋理上揚。

環境和身體、臉相的關聯性密不可分，可以透過調整心態的方式來改變。身體與臉相的變化，也可以透過調整身體與臉相的其他技巧，來讓拉扯的力量減少，進而使自己的狀態可以更快速的回復到最佳狀態。

想要快樂健康的人生，總得付出一些時間學習，施與受之間就像一面鏡子。若能明白自己臉相與外在的對應關係，藉由調整與改變，相信就會擁有健康快樂的人生。

1-5

好的臉相，迎向好的人生

骨型結構的不同角度，
牽動不同的內在反應。
改變骨型結構與臉部線條，
就能扭轉人生。

人類頭腦如同記憶行庫，有著記錄的功能。生命所有過程透過五官將訊息傳遞回腦部，所有的時刻、人物、空間畫面都會被記錄下來，無論表意識是否還記得這些片段，一切都會存在大腦裡。

喜怒哀樂，都是生命的濾鏡

感官會在過往記憶中與相似的情節產生聯繫，聯繫會產生特定規律與調性。自我（self）再以特定規律與調性，在行動上做出連續性的反應。在表意識上，也許會認為這些記憶已經消失，但其實只是隱藏在更深的層面。

在許多時候，我們都會有這樣的經驗，在表意識中沒有學習過的事物，卻莫名就學會了。

人的大腦就如同記憶行庫，記錄著生命中所有的記憶與經驗，無論表意識是否記得，都會深埋在我們的深層意識之中。

所有的喜怒哀樂，所有細微的感受與想法，都烙印在腦海中，也因為這些過往的經驗，成為感官接受新事物的濾鏡，過去與當下，相同感受的事物開始串聯在一起，形成連續性的因果反應，影響著我們往後的人生。

許多時候，並不是我們沒有記憶，也許記憶深藏於更深的意識中，也有可能是因為深處的記憶，與當下的經驗並沒有連結，因此未被喚醒。

大腦將感官所接受到的資訊，如他人外顯的行為，或是透過外在面貌所表達的資訊，通通記錄起來。所以你會發現有時候沒有特別學習的事情，卻莫名懂得運用，這是因為大腦將他人的資訊提取出來，供給自己模仿。不同的資訊與片段，依照不同的編成規則「邏輯思考力」、「價值判斷力」，將其組合各種不同的外在反應。

除了上一代遺傳之外，每個人擁有的條件以及付出的成本，大致上是相同的。

只是因為對結果的接受度不相同，而衍生出不同的內在反應，在這其中有很多的情感與感受的變化。然而不管如何，結果皆是由自己決定。

改變臉部骨型結構，就能扭轉人生

人生是由編程方式決定的，那如何改變編程方式？

簡單來說，編程就是人的內在基調，也就是核心觀念。比如善良、誠懇、誠實、圓融、奸詐、狡猾、自私、大方等基調，而這些基調與人的臉部的骨型結構，又有一定的相關聯性。

改變編程的方式，可以透過學習修行使內在產生變化，進而使自己的價值分析更為準確，為此可以少去很多無謂的比較以及情緒反應，臉相也會跟著改變，不過這樣的改變，需要非常長的時間，對於短期內需要成效的人，可能會覺得效果不佳。

另一種方式，就是透過直接在骨型結構上做調整，去除一些產生負面情緒反應的角度，使負面情緒不易被牽引出來。也因為在改變後，良好的第一印象需要被肯定，為了維持印象，而達到所謂約制的效果。

◆前額

以下是角度與內在狀態的簡略分析：前額的寬廣度，與思維有關，可以藉由改變寬度，使思維更加地廣闊。

那麼，什麼又是思維的寬度？

比如看到一個物件，可以藉由這個物件，而聯想到與其它物件的連結性，這樣橫向性的連結，稱之為寬度。

舉個例子來說，當你看到一項商品時，聯想到其它周邊商品與這件商品的連結性。當前額越寬，越不容易讓自己侷限在一個小範圍內，也可以說是不固執。

前額的厚度，即是邏輯的深度。

所謂深度就是指不同性質的人、事、物對價關係有串聯的能力，這樣縱向性的連結，稱之為深度。一樣商品的周邊附加價值能夠出現，是因為對物件的本質有連結。

目前市場的營運方式，需要人有大量的橫向性連結，也就是寬度，這樣才能夠觸類旁通，維持創新。

創造者需要寬度，執行者則需要厚度；深度與厚度兩者天衣無縫的搭配，才會是好的前額。

◆**顴骨**

顴骨的寬度代表的是個性的張力，越是外擴張力就越大，個性也就越大，而寬度越窄，則張力就越小。

即便天生個性大，一旦改變骨型結構，使它縮小，張力就會變小，個性也隨之變小。

內在的情緒反應變緩，外在的感受也會柔和許多，使人感覺到脾氣很好，人也因為要維持柔和的形象，自然就會收斂許多。

顴骨的另一面向是高度，高度與積極度有關。

顴骨越高的人，內在狀態就會越活躍，抗受力也較大，對於價值的衡量也會偏弱一些，喜歡享受過程，對於結果的反應是可有可無的狀態。

顴骨相對低的人，內在活躍度就會少很多，對於價值的衡量就會比較清楚，喜歡看結果，過程能省略的部分，絕對會省略，不願意多費力氣去計較，也不可能在過程中，多增加任何一分一毫任何減緩結果成效的因素。

顴骨的厚度，**決定滿足度**。

越是向外膨起，越給人知足常樂的感覺，此一類型蘋果肌比較大，就如同小孩一樣。

顴骨相對高，膨度高的人，天性比較容易滿足，所以給人樂天知命的感覺。

顴骨相對低，膨度低的人，給人會有種生無可戀的感受，有種無奈感，對事物都可有可無，內在容易有「出生是為了死亡準備」的狀態，於是乎過一天是一天，人生比較無感。

◆下頜骨

下頜骨需要考量的是寬度，在這其中還有角度外翻與內轉的分別，傳統來說會稱之為地格。

地格給人的感覺就是一種穩定度，一種權威的感受。當官的人十個裡頭，有七八個都是地格帶方，或是方中帶圓。

下頜骨的寬地會使人覺得說話有份量，尖嘴猴腮的下頜骨會使人覺得輕浮。

下頜骨的角度往內收，性個會比較講道理，偏向於以德服人，而下頜骨外翻的人比較重權力，簡單來說霸氣會比較足。

骨型結構的不同角度，牽動著不同的內在反應，不同型態也會給人不同的觀感，產生不同的對應關係，相互交叉運行。

因此，直接改變骨型結構與臉部線條，可能比起調整內在狀態，所能獲得的成效來得快，畢竟內在狀態的薰陶，需要長久時間的運作。

掌握改變臉部骨型結構的關鍵，為自己的人生開啟另一扇大門。

1-6

讓自己內外都加分，從改變臉相開始

「臉相心理」其實是內外兼備，
透過外在轉化內在狀態，
才能為自己內外都加分。

改變自己，到底是從心相開始？還是臉相開始呢？

臉相的變化涉及許多的因素。臉相由心而生；所以內在態度與決心就非常重要。而外在的臉相尚未調整之前，仍會為人帶來很多的變數，這些變數很容易引內在的動搖與變化。

心相，隨時保持喜悅狀態

內在會影響臉相，臉相又會回頭影響內心，最好的方式就是兩者並行，但要如何改變呢？

這是一個人與人組成的世界，人的內在隨著外境的更動產生變化，所以改變的方式，當然是讓外界產生良性互動的方式，也就是大多數的人都能接受的方式。比如說，大家都喜歡柔和的感覺。

如果從內在層面開始，首先行事作風，最好避免在兩個極端——過度彰顯或是過度卑微。

在兩個極端中尋求平衡點，適當的表現、表達自己，並讓自身維持在喜悅開朗的狀態，這是非常適合轉化心態的模式，當然支撐這樣的模式，必須要有正確的認知與架構。

從內心出發，深刻的認知萬事萬物之間皆有因果循環，所有內在或外在的事物，皆從自己而來。洞悉起因，進而了卻所有的結果。

上述所提及到「尋求平衡點」以及「認知因果循環」，都是內在改變需要的基礎。短則一年半載，長則數十年，才能夠體悟這兩件平凡卻又深刻的道理。

多一份了悟，人生就能多一分智慧。
心相經由長年累月的薰陶，臉相自然就會產生變化。

臉相，保握第一印象的好感

另一種方法，則是透過外在方式改變。

當然並不是每一個人都有自然的方法或能力改變臉相，但可以先從簡單的方式開始，首先得先了解一些概念。

所謂臉相好壞，就是當他人看見你之後，內在所產生的第一印象。

如果好就是認同；原諒與寬容都是架構在認同之上，因此好的臉相，機會會比其他人要多一些，至少會有交流的機會。

相反而言，如果第一印象不佳，如果又有利益與價值在這其中，那只能力求表現，翻轉他人對自己的標籤。

雖說如此，人的特性依舊是將優點縮小、缺點放大，因為給人的第一印象不佳，往後都得找機會來證明自己的價值與重要性，所以第一印象是非常重要的。

「臉相心理」是一種視覺觀感對比而產生。有分成五官對比以及輪廓方、長、圓型態的對比，還有五官跟輪廓兩種條件因素相加而產生的視覺感受，這樣說也許有些難理解。

舉些例子來說，當瑪麗蓮夢露少了臉上的那一顆痣，那她帶出來的感覺就會完全不同，這會使她少了絕佳的韻味。

五官開闊的人，通常是屬於長形臉型的人，通常會使人有一種內心開朗的感覺。

五官集中的人，通常是屬於圓潤臉型的人，通常會使人有一種內心喜悅的感覺。

另外在五官上，可以藉由一些彩妝的方式，透過改變眼型、眉型，打光或暗影，改變臉部的立體度，進而改變他人對自己的第一印象。

其他方面可以從衣著的色彩與線條搭配，或是配件都可以為自己的外在加分。

當然透過改變外在條件，會對內在有一定程度的加分效果，但因為內在狀態還是會受到臉部骨頭角度所限制，即便當下改變在他人眼中的價值，這也只是暫時減少了一些人生阻力。雖然內在改變的速度，需要長時的培養才能有大成，但相對隱定。

「臉相心理」其實是內外兼備，透過快速的調整外在條件，以及轉化內在狀態，才能在最短的時間內創造出最大的價值，輕而易舉的獲得扭轉人生的機會。

II

明白

由苦到樂的路徑

每個人都需要找到屬於自己的方法，

保持內在的透亮。

2-1

化解生命束縛

從所有類型的
束縛與苦難中解脫，
最好的方式
其實就是「保持清晰」。

生命有種種煩惱，每種煩惱都是苦，然而每個苦後面，是人的欲念作為起因。

就是因為欲念帶來的是虛妄快樂，人追求之後，剩下的只有空虛與苦澀，人總是明白，卻也不願意認清，就算欲念得到滿足，短暫享受快樂之後的事物。有時欲念的追求，或許是一個階段的人生價值。

解決痛苦的方法

曾看過這樣的故事。

有位女性來到教堂，向牧師尋求解決內心痛苦的方法。

大約十年前，這位女性因為被人非禮，以至於十年間一直無法像一般人一樣的生活，甚至因為這個過去，而不願意與人共結連理。

每每想起當時的情況，就感到痛苦不已，並向親友們哭訴，身邊的人也盡可能安慰這位女性，但依舊無法安撫她的內心傷痛，更無法緩解她內心的恐懼。

腦海裡出現好幾次輕生的念頭，使她不得不向信仰求救，也許她的求救被聽見了，因此得到了回應。

牧師：「十年前對方非禮妳幾次？」

女士：「一次。」

牧師：「在過程中妳有感受到美好的感覺嗎？」

女士：「非常不舒服（表情顯現著不悅）。」

牧師：「整個過程時間長嗎？」

女士：「牧師，你怎麼可以用這樣的話來問我，似乎這一切是我願意發生的。你有沒有同理心，我已經很難過了，我需要的是安慰與關懷。」

牧師：「在我看來，妳得放過自己，妳允許這些經驗不斷地打擾著妳，並長達十年之久。放下整件事，不要再去反覆的回憶，將妳困住的是妳自己。」

女士抬頭看著教堂上的光，彷彿得到了救贖。

在空間裡迴盪的聲音，是女士無法言語的道謝。

痛苦之所以存在，是因為人對於痛苦的認同。

也因為對於痛苦的認同，賦予痛苦價值，十年來身邊的人流露的同情，使這位女士每每都能夠得到慰藉，或許也得到很多層面的好處，一種安全感、歸屬感、認同感。

痛苦並不會因為他人的同情或是慰藉而煙消雲散，事實更不會因此被消弭。

人們不斷地試圖將自己所感受到的傷痛，從他人身上索討愛與關注來平衡。時間久了，索討愛也成了一種習慣，當他人不再願意給予期待中的關心與注意時，人們開始用大道理或是強調自己是多麼受苦的悲劇主角，藉此施壓他人關愛自己。

雖然人心的善念，是一種慈悲。

畢竟除了當事者，誰都不需要擔負任何不屬於自己的責任，日子久了，當初安慰自己的親友們，也因為感受到壓力而漸漸遠離。

苦與樂，是兩種不同的運作。

苦是因為外在情況加諸在自己身上，而你對這情況產生認同，賦予它力量。樂是因為內在真實的流露，得到了相對地回應，這是一種純粹簡單的施與受的關係。

這是本能，就好像吃到辣椒時會想喝水舒緩。當人受苦時，就會找尋使其緩解的方法。

女士的境遇雖可感可嘆，但依循本能於外在世界上尋求解決之道，使她無法真正地看見事件本身，無法看見這已經是過去的事實。

再多由關注與安慰而來的糖，也無法解決女士內心的苦難，以及長時間索討愛的習性，成了判斷身邊的人是否愛自己的標準，最終只會苦上加苦。

感念深陷苦沼的人，唯一能感受到喜樂的來源，卻是建立在他人的良善之上。

這就是典型苦中有樂，所以樂苦不疲。

愛的匱乏造成侵略性的行為

人除了緊抓著煩惱不放，這樣的束縛之外，人在這世上最大的束縛與苦難，源頭都是來自原生家庭對愛的匱乏。

愛的匱乏又而衍生出的侵略性的行為。有時是夫妻之間的不和睦，有時是親子之間缺乏對愛的理解。

在原生家庭中，侵略性的行為大致分成兩類，一類是肢體行為上的傷害，一類是精神上的反覆折磨。

當人要透過侵略性的肢體行為表達自己時，通常是因為當事人內在情緒已經過度高漲，轉而向身邊無力反抗的對象宣洩，進行一種自我的平衡。而家庭就是面對這一情況最脆弱的地方。

東方文化傳揚著倫理與道德，使一般人對家庭的價值觀有些誤解，父母通常都將孩子視為財產，將配偶認知為另一半的自己，總以為擁有著所謂的支配權。

所以侵略性的行為，容易全部都傾洩於家庭之中，因為家中的成員似乎都要無條件的接受。

最大的原因就是因為「一家人的概念」，似乎所有事情來到家中都變得理所當然要承受。

另一類是精神上的傷害，也就是對於個體的自由意志的不尊重。具有侵略性的人，通常以自己的想法與意志，強迫與規制身邊的親人接受自己的觀點與信念，同時也拒絕傾聽家庭成員的聲音。這樣唯我獨尊的心態，使親人與自己的關係之間產生了鴻溝。

每個人都有自己的生活，也正在面臨自己的各種課題，無論是孩子還是大人，每個人都有自己事物要去面對，如果回到家中還得面臨家人對自己意志的打壓與剝奪，自然會感覺生無可戀。

種種環境與家庭帶來的壓力，自然會向外找尋平衡，可能會有意或無意地將自己受到的傷害，加諸在其他人身上，周而復始，惡性循環。

每個來到地球上的生命都是獨立且獨特的個體，自由是每個人都渴求的。尋求自由是人的本能，當自由無法被體現時，生命與苦就脫不了關係，解決痛苦的最好方式，就是「歸於中心」，找回寧靜的力量，並且確認好自己在家庭以及社會中的「序位」，站好序位後，清晰的「表達立場」！

當個人的工作完成之後，事情還是沒有變化，就要學會「尋求幫助」。學會舉手求救也是一項很大的功課，有太多人以為牙一咬，事情就會過去，但很多時候，事情真的不會如我們所想，時間並不會帶走這一切。

原生家庭這一課裡，有太多需要學習，但最重要的是要先把自己調整好，安頓好，才有力量轉化這一切。

往往人都會忽略了，以自己的道德標準來衡量他人，也是一種精神上的侵略行為。父母就是產生這樣情況的人，誰不希冀著兒女有所成就，望子成龍望女成鳳，天經地義。

這樣的想法，根深蒂固的存在於東方文化中，以至於兒女感受到莫大的壓力。

在這繁茂繁榮的世界中，有太多的面貌是人無法明白的，七十億個人就有七十億種變化，天生我才必有用，可不是說假的。

這指的不是人一定要有所成就，而是每個人在這造化之中，都有自己的位置。

在原生家庭中，每個人都需要學習溝通、表達，以及傾聽與理解，無論在家庭中的身分為何，彼此的愛與敬重，是使家庭恢復力量的最好方法。

最重要的是要去除你所設立的標籤，又可稱之為刻板的印象，試著將人與行為分開，人是人，行為是行為。

人的方面要懂得理解，要以對方的立場思考，傾聽對方的內在。行為的部分，你擁有權力拒絕任何傷害你的部分。

在這其中強調幾個步驟，這是你需要先做的：

◆歸於中心：觀照並覺察內在

歸於中心，也就是將所有焦點放在自己的內在，觀照內在，覺察內在，安定於內在。

不要因為他人的行為與言語，而隨之起舞。

◆序位：找到自己的本位

明白你在家庭中的位置，如果你是個孩子，那你就是孩子。如果你是父母，你就是父母。

君君、臣臣、父父、子子；站對位置，孩子不該代替父母的位置，父母不該離開本位。在原生家庭中失去序位的人，通常過於早熟，在社會環境中，也常常站錯位置。

◆表達立場：尋求共識與平衡

清晰的表達自己的立場；你必須以你的序位，考量該用何種狀態來表達自己。

表達自己之前，你需要先理解對方的立場與想法，並在其中尋求共識與平衡點，才有助於每次的溝通與交流有最好的成效。當然這對表達個人立場，也有很大的效益。

從所有類型的束縛與苦難中解脫，最好的方式其實就是「保持清晰」。每個人都需要找到屬於自己的方法，保持內在的透亮。

唯有看清楚每件事物的本質，才會有正確的行為或是行動。

而正確的行動或是行為，將會帶來如期的結果。

如果找不到方法，那就保持為人的正直誠信。

一個人如果能在各方面保持著正直誠信，很多事物就會開始明朗，轉機將從四面八方而來，正面的事物會跟正面的人有所共鳴。

誠實地看見自己，誠實地面對生命，完整地經歷生命中所有的波折。

生命總是貴在折騰；唯有經歷一些事情過後，璞玉方成大器。

還有一件事千萬別忘記，那就是「選擇」，一切都是選擇。

你有選擇的自由與權力，生命的掌控權，永遠都在自己的手中。

從來沒有任何人事物能夠束縛得了你，唯有你允許。

2-2

面對失敗：不忘初心，方得始終

不忘初心，方得始終。
隨時提起正念，
只有找不到方法的人，
沒有解決不了的事情。

生命從沒有真正的失敗，一切都只是挑戰。

如果你將曾經的挫折當作失敗，那成功的道路，就會離你越來越遠。

把自己安放在對的位置上

所有問題的背後都有它的解答，沒有一件事情是無法解決。

在事業之上，我們追求所謂的成功，這裡可以從人、事、物三個面向切入，有助了解自身狀態的同時，也建立起一些觀念，其中含括以下幾個重點：

◆關於金錢與財富

以物為本：目前金融交易還是「條件交換」的方式進行交易，這是純粹的價值互換的過程。

平常就要為自己做好準備，對世界局勢與社會動向都要有掌握，掌握好每一份未來有可能使用到的資訊。

商場／職場是以物為本的環境，手上握有多少的籌碼／資訊，決定了你在談判桌上的價值。

然而每個人因誕生的環境不同，經濟基礎、衡量價值的標準也有所不同，各自都有一套生存的方式與原則。

無論是何種生存方式與原則，以正確的形式為自己積累財富，是一種成長的過程。

◆關於名聲與信用

以事為本：透過完成重大任務與工作，為自己產生價值。

一個人在自己所在的領域中，擁有多少專業能力與實力是非常重要的，這攸關著自己是否能夠乘載相對的任務與工作。

實力也間接著影響著自己，在所屬的群體中的信用與名譽，有時甚至會影響你在所屬行業，或是社會中信用與名譽。

名聲與信用能夠影響的範圍是非常大的，許多時候甚至影響那些尚未見過面的人，對你的第一印象。

◆關於權力

以人為本：透過掌控多少有力人才，作為基礎價值。

要能夠掌控優秀人才，個人的條件實力也必須相當優越。為此要保持自律與節制，時刻處於學習的狀態，廣泛閱讀知識，並且時常擴展視野。擁有好的生活節奏，才能夠使自己維持在最好狀態。

除此之外，要了解你所要接觸的人各方面資訊與狀態，才能夠將人安放在對的位置上。

一般來說，同時具備三種特質是非常難的。能夠同時具備的人，必定對於人事物的價值分析定位極為清晰，任何時刻都能掌握好自己，將自己的每個角色與能力發揮到最好。

不忘初心，找到真實的喜悅

在成功之道中，所有的活動都是建立在條件交換的形式之上。

在工作或是事業中，難免會碰到許多不如意的事情，但所有不如意的事情，都可以追溯到原因，最終都會發現問題的根源是自己。外在所有的發生，都只不過是在反映自身。只要好好由內而外的調整自己，成功之道自然顯明。

所有的努力，背後都有其動機。

也許是想守護自己愛的人，無論是伴侶還是家人，也或許是想過著財富自主、時間自主的人生。

然而以財富上來說，到底是「有餘」好，還是「無缺」優？

世上有很多有錢的富豪，在最後臨終前，最後悔的事情，就是一輩子的時間貢獻在賺錢這件事。

做一個窮得只剩下錢的富豪，真的能夠得到人生的喜悅？

在努力獲得財富之前，人總是要先釐清自己，確立好最初的動機，才不致迷失。

努力的背後只要方向明確，無論是財富創造的人和、名譽創造的天時，或者是權力創造的地利，最終都可以得到真實的喜悅，因為一開始想守護的人幸福了，所有的付出才有真實的回報，不忘初心，方得始終。

對於在職場上碰到的挫折，該如何調整心態呢？

很多人在職場上遇到不公平的對待時，選擇忍氣吞聲，漸漸地失去對工作的熱情與動力，到最後像是個機械人一樣活動著。

每天應付主管或是客戶的情緒，整個人都充滿著負面能量，只想混口飯吃。在這樣狀態中的人，無法產生出創造力，好運也自然不會落在這個人身上。

最好的方法只有兩種，離開目前的工作環境，或是轉化自己的狀態。

所謂良禽擇木而棲。如果你具備專業能力與實力，相信你應該可以為自己找尋到更好的環境，但如果目前的狀態，只能讓你待在目前的位置，學會「隨遇而安」，會是一門功課。

> 生命從沒有真正的失敗，一切都只是挑戰，如果你將曾經的挫折當作失敗，那只不過會讓自己越來越迷惘。

鍛鍊自己，成為更強壯的人

在這樣的時刻，最重要的提起正向的信念與心情，好好地釐清自己需要什麼。

職場中遇到這些挫折，背後是要讓自己學習什麼？

把所有的挑戰都當作一種訓練，是為了鍛鍊自己成為更強壯的人，是為了讓自己有能力承擔更大的事物。

練習這樣的思考，不要將焦點放在負面的事物上，這只會讓整個事件的負面能量越來越擴張。

要讓自己像個勇士一樣，勇於面對所有挑戰，也要培養自己像個智者一樣，澄心滌慮的思考每個環節，反省自己是否有些部分需要修正。

你要做的是完成所有的挑戰。

將每個挑戰寫在紙上，思考要如何突破關卡，看清楚失敗的原因，或是找出挫敗的因素，一筆一筆地寫下你計畫，這樣有助於將事情清晰化。

無論是來自於主管的不公平對待，或是同仁之間來往，或者是自身能力不足，以至於自己無法受主管青睞。

只要能夠釐清好狀況，答案自然而然就會顯現，也許是自己要學習些什麼，也許是哪些面向需要調整。

一個人的態度、肢體語言、面貌、衣著的穿搭、說話的談吐、待人處事的道理等等，這些都是可以考量的因素，當然還有個人的專業能力是否不足。

很多人面對失敗時，不是怪罪於他人，就是陷入受害者模式，認為自己是世界上最不幸的人，才會遭遇這樣的不公平。

這樣的思考與信念，並不會幫助人有任何的成長與突破。重要的是處理失敗或挫敗，所帶來的負面情緒感受。情緒感受是一股能量，你無法透過理智去處理它。也許你覺得理智可以處理情緒感受，但其實是被壓抑在內心底層。真正能夠消融這些情緒感受的方法，就是真實的去經歷它，經歷這些情緒感受，能夠幫助你更快的得到內在的自由。

一個人內在必須是喜悅的，才會與正面的事物開始共鳴，創造的能力也得以恢復，內在活絡了，外在才會開始活躍，整個人才會變得有自信，生命開始轉動。

在各種挫敗的時刻，隨時提起正念。只有找不到方法的人，沒有解決不了的事情。

現實從來不會帶給人任何反應，所有的反應都是由你設定的標籤而來的。世界中所有的事物，都是依照你的定義而轉動，而你也因自己為萬物設下的定義，而感到悲歡，感到喜怒哀樂。

2-3

面對背叛：沒有誰需要滿足他人

背叛，
最不該出現於世間的兩個字。
太多的期待，
造成相愛的兩方，
成了永恆的平行線。

心與心的分離，是多麼痛的過程。

人一輩子總是會遇到過幾次，也許是至親摯友的逝世，也許是某種背離，但最痛的，莫過於此生最愛的伴侶，漸漸地變成最熟悉的陌生人。

難受的是背叛，還是不甘願？

「為什麼是我？」「為什麼這些事情會發生？」「為什麼真心地付出會是這樣的結果？」因為內心真的太難受，總是會默默自語著。

常有人來到我面前，與我分享著他們正在經驗，或是經驗完的人生故事，有一天有位女士，對我訴說著正在經歷的旅程。

這位女士為家庭奉獻自己，將所有的精神與時間放在伴侶與孩子身上，老公依然背離了她，背離了十五年的家庭，選擇了另一個女人度過生活。

空間裡瀰漫著哀傷的氣息，眼看著已為人母的人，像是無助小孩不斷地抽泣著，我能做的就是遞張面紙給她。

十五年帶大三個孩子，每天都將家裡打掃得一塵不染，對自己的公公婆婆又百般地孝順。一位妻子、媳婦、母親，將自己能扮演好的角色，都盡力做到最好。

剛開始還沒想明白，為何這些事情會來到這位女士的生命裡，一個片刻，我看著她的臉，才發現歲月已在她的臉上有了痕跡，原來在伴侶的心中，她最初的容顏已從腦海中漸漸消失。

十五年前，這位女士與當時的伴侶相愛相戀，那時的她活潑開朗、天性良善，也喜歡打扮自己。對方當時也是個充滿陽光、性情爽朗的男人。令人稱羨的感情走了將近十五年，但這段美好故事，就這樣停下了筆。

如果一開始就選錯人，又為何要堅持這麼長的時間？

到底難過是因為背叛？還是出於不甘願？

她與所有的媽媽一樣，結了婚就離開了工作，開始進入家庭生活。從這一個時間點，可以開始逐漸明白，一些始末。

勿將安全感嫁接在另一半身上

一個人成熟之後，便會進入社會，在自己的工作領域上獲得個人的價值，從小到大將近二十年學習的時間，就是為了在職場上大顯身手，無論是為了生活還是為了願景理想，在工作理總能獲得自己所期待的成就感。

然而在進入家庭生活後，人生就像換了一頁，在這裡沒有需要奮鬥而來的成就感，也沒有任何能夠實踐自我價值的地方。心裡開始有了一些變化，人生開始要依賴他人而活，因為如此將心裡的安全感，逐漸嫁接在另一半身上。

在這其中的轉變，或許就是最引人深思的枝微末節，也讓我們慢慢了解成因。

> 工作上的成就感，是用學習的努力而得來的結果，突如其來對安全的匱乏之感，卻是用之後的人生，承擔許多責任才能夠換來。

結婚前只是男女朋友，結婚後卻有這麼多角色要扮演，每一個角色都是個責任，每份責任都會直接影響著兩人的關係。

或許有人會問：「那男人呢？難道男人不需要扮演這麼多角色？」

無論社會怎麼沿革，男人依舊是需要在社會上拚搏。所以對於成就感的需求不會消失，如果事業成就帶來的喜悅，大過家庭生活的喜悅，在外的時間就會漸漸變多，家庭生活的喜悅，間接或是直接的影響著一個男人在家的時間。

進入婚姻的男性，最大的責任與壓力就是養家活口，這其實對於他們原本預想的人生藍圖差距並沒有多少，只是又多加了幾份實實在在的甜蜜負荷。社會與文化影響人甚鉅，無論男性或是女性自小就被社會灌輸著許多框架。在這個物質化的社會裡，擁有較多資源的人似乎擁有較多的話語權；家庭生活中，男性通常扮演著承擔家庭經濟的角色，自然會彰顯著說話的主權。

當年活潑開朗的感覺已從這位母親身上離去，十五年來的家庭生活，已使她漸漸忘記保持自己的容顏。

女孩變成女人，女人變成了母親。現在只有一位打掃瑣事的阿姨，沒有任何令人能讓心裡觸動的因素。每天從公司回到家中，身邊出現的只有叨叨唸唸的細語，一字一句的消磨了在家中的喜悅感，少了愛與喜悅的關係，就像是鬆動的齒輪，再也無法維持每天的互動。

怨言代替彼此疼愛的言語──「難道這樣錯了？你知道帶孩子有多辛苦？你知道家裡每一天有多少事情要做？」「我在家裡也從來沒有閒著！」這是許多進入婚姻的女性有的共同語言。

選擇將夢想與目標放下，完全進入婚姻生活，女人一生的成就不外乎就是丈夫與孩子。唯一的安全感與成就感，也只能從這甜蜜負擔中獲得。

誰都沒有錯，只在於觀念不同

其實妳沒錯，只是過程錯了。這不是個非黑即白的世界，妳沒錯，伴侶其實也沒錯。

一方的單純，一方的敏感，造成了兩人溝通的平行線。

最後剩下的，就是誰也不想見到的結果。

變了，一切都變了。能夠依賴的安全感沒了，為人母的責任卻依然在，妻子的名份已成空殼。對方依然擁有著他所擁有的，從未失去些什麼。

這世界從沒有對錯的問題，又或者是說，這世界有很多論對錯也無法解決的事情，感情就是其中一個無法論對錯是非，剪不斷理還亂的線。

伴侶選擇離開，只有一件事情，他相愛的人已經不見了，剩下的是被時間與家庭生活折腰，滿腹怨懟的女人。

故事到了這裡，我看著這位女士，跟她說，挽救情感的不是論對錯，而是找回最初的彼此，找回最初的心。或許過往的回憶，能再度將紅線綁在彼此身上。

背叛，是我認為最不該出現於世間的兩個字。

其實沒有誰需要為對方負責，哪怕是進入婚姻生活，彼此雙方也應該要保有各自的生活空間與步調，彼此敬重友愛，這個世界有太多的理所當然，有太多的期待，造成相愛的兩方，成了永恆的平行線。

我們無法選擇能夠愛上誰，相愛是老天給的，但我們依舊擁有選擇的權力，選擇誰能與自己共度一生。

有些人選擇了最初不愛的人，卻能夠執子之手、白頭偕老，也有些人選擇了相愛的人，最終卻各自分飛。

感情最重要的，不是愛得轟轟烈烈、能夠為彼此犧牲，而是對彼此的信任與尊重。

除了伴侶之間，有時候人們所謂的背叛，也會出現在親人之間。

家人與家人之間，總是會有意見相左的時刻。也許無法認同，但保持應有的尊重，是必須的。

不能因為他人沒有符合自己內心所期待的形式顯現，而將他人定義為背叛。

背叛這個兩個字，是這個世界上最不該有的，背叛裡頭含著掌握與掌控的意圖，沒有誰需要滿足他人，除非是出於個人的意志。

孩子不該對父母有著理所當然的想法，父母不該對孩子應當如是的起心，敬重相愛，才能確保無知不會破壞彼此的關係，好好的珍惜五百年來修來的福份，珍惜彼此成為了家人。

最後，想要分享三件事情：

◆是非對錯，只是便於處理事物，卻不能夠衡量人心。

◆生命本就是自己的，沒有誰能夠擔負起他人的生命翱翔，哪怕是父母也是一樣。

◆信任與尊重，是任何一份關係最重要的鑰匙；無論是親情、友情、伴侶，還是親子關係。

學會感恩，是面對一切最好的形式；要認出世界萬物之間，是如此的互相依賴。一旦感恩的狀態出來了，理所當然、應該這樣、應該那樣的期待，也就不復存在了。

2-4

面對疾病：走出恐懼，安定身心

愛，強化身體的承受力，
使人不藥而癒。
安定自己，
就能從未知的恐懼走出來。

身體就像是一個永遠的朋友。

千百年來人們總是在追求著健康，追求著無病延年，長命百歲。對這個朋友百般照顧，也有著種種的要求，但仔細想想，我們對於這個朋友，平常用什麼樣的方式在對待呢？

做身體最好的朋友

這一份友誼是否會在我們錯誤對待之後，有了不美好的回應？除了先天性遺傳疾病，身體上大部分的課題，都是出於缺乏正確的照料而來的。

然而許多人都會說：「很多時候，因素都是來自於不可抗力的大環境，這要如何避免呢？」

大環境的所有回饋，都來自於萬物的狀態，在這個地球上絕大部分的自然議題，都是人類所造成的，這是人類集體的共業，也是所有人必須共同承擔的事物。人類文明缺乏永續經營的概念，這樣錯誤創造所產生的負面結果，得用健康來贖價。

古代有孟母三遷，但今非昔比，走到哪裡遇到的狀況大致相同。首要的問題不是地點，而是最重要的飲食。

民以食為天，又常言道病從口入，可想而知有很多疾病都是吃出來的，然而在這充滿多元文化的社會裡，飲食的選擇變得豐富且複雜，時常促使著人食指大動，擋不住對於享受食物的慾望，逞一時之快，享受口欲被滿足之時，健康的身體就離人越來越遠了！

現今醫學發達，唯一的好處就是使人的生命變長了，卻無法使人能夠真正無憂於病苦而活。所以最終的方法，依舊是從飲食開始，從調整生活步調做起。

當然最重要的是飲食，但如果環境真的不是這麼宜人。就選擇更好的生活環境，或是在原本的環境中，創造出乾淨適合生活的空間。

「你是身體的朋友？還是敵人呢？」

對待身體要如同對待朋友一樣，得細心照料，得體貼知心。

如果知道有什麼事物會傷害這位朋友，就避免這些事物的靠近。用你最好的心與方式，與身體建立友誼。

身體這位朋友，最美好的回饋與反應，就是給予你健康的生活，經驗更多的人生。

直視傷疤，找回面對自己的勇氣

不要讓生活條件成為身體的負荷，人生而在世，第一份最重要的珍寶，就是身體，是這個身體幫助你享受美食、體驗生活、談戀愛，以及實踐人生目標。

你對身體的每一份重視，都是最佳的獻禮，身體是如此重視你跟它之間的友誼。

人身可貴，但總有些時候，生命總是會出現一些波折，當一個人面臨身體受到損傷時，身邊的人是最重要的支持。

有位孩子，因為小時候的一場意外，滾燙的熱水流遍他全身，差點連性命都得失去，也許是一些幸運，也許是一些福氣，孩子最終還是活了下來，只不過身上多了一些痕跡。

因為如此，這名孩子失去了自信的勇氣，總是想找個地洞將自己永遠的隱藏起來。孩子的父親將所有事情看進眼裡，為了使這孩子擁有自信，自那時便會在他人面前將孩子的衣服褪去，或許你會覺得這是一種狠心，但在父親的心裡，縱然不捨，也要給予這個孩子最大的禮物——勇氣。

這份父愛，伴隨著孩子的成長過程，每當面臨脫衣的場合時，深埋心底的不自信，在父愛的守護下逐漸融化。

皮膚上嚇人的痕跡，成了這孩子最美好的紋身，不斷的鼓勵著他，充實自己，提升內涵素養與價值。

身體同時有面臨因外在事物而損傷的風險之外，還有身體喪失和諧與平衡的風險。

癌症一直都是人恐懼與害怕的代名詞之一。面臨這種情況的人，心理如泰山壓頂般的難受，因為這也意味著生命燭火已漸漸轉弱。

現今的時代，已經有很多的方法能夠治療癌症，雖然很辛苦，但「希望」這個力量總是能令人振奮。不要害怕癌症，不要因為生命的未知與不確定而擔憂。

愛，強化身體的承受力

多年的經驗當中，有一則耐人尋味的例子。

有一次一位朋友的母親，因為摔傷去醫院做檢查，在做檢查的同時，也剛好檢查到老母親已是癌症末期，因為這位老母親已經高齡八十八歲，聰明的家人並沒有告知老母親這一回事，就當作沒事。

最後這位老母親離開人世的歲數已是高齡九十五，但她的癌症肯定不是八十八歲才得。在檢查出癌症之前，老母親並不是沒有癌症，只是不曉得自己有這個疾病而已。

健康的人生觀以及幸福的家庭，使這位老人家連得到癌症都沒有感覺到任何一絲不舒服。由此可知，愛可以使人的身體的承受力增強，就如同母親在臨盆時，因為對孩子的愛能夠承受劇痛。

也曾有新聞報導過，罹患癌症的患者，將自己的所有家產變賣後環遊世界，在結束旅程之後，居然不藥而癒。

前者是得到愛，後者是愛自己；前者是不知情的狀態，後者是知情後而放下一切，享受生命。

罹患癌症有很多的因素，有時候是因為飲食問題，有時候是因為有太多壓力沒有釋放，有些時候可能是因為外在環境而造成的，現在做點簡單的分析，找到問題的癥結點。

如果在同一個環境之下，並不是每個人都面臨癌症的問題，那問題就有可能是來自於飲食習慣、壓力、情緒，個人認為其關鍵在於情緒的部分。

大部分的人在罹患癌症之後，調整飲食與環境或許會有些幫助，但都無法產生奇蹟。由此可以推論情緒的積累，或許就是病變細胞的養分。

許多的學術論著，都曾有提過相似的說法，內心的健康狀態同時也影響著身體。人對於未知的恐懼帶來的壓力，會滋養病變細胞的成長。

面對疾病，最好的方式就是讓找到方法安定自己，讓自己從未知的恐懼走出來。

也許是藉由運動，或者是全面了解癌症的所有資訊，使自己從未知到已知，是使自己安定的好方法之一。

少了恐懼帶來的壓力，增加生命中愛的含量，無論愛從自己而來，還是藉由身邊的人而來，都是非常好的。

經驗愛，是絕對不可以少的一個環節。身體的承受能力，會因為愛的感受而增強，啟動身體的自然療癒系統。

無論是身體的損傷，還是面臨重大疾病，最重要的是愛自己，培養自己從小細節中發現愛，並以感恩的狀態中度過每一天，調整好生活節奏，以及飲食習慣。

不要恐懼，因為所有問題的背後，都擁有解答。

你是安全的！

2-5

面對死亡：活在當下，找到意義

死亡並不可怕，
可怕的是花了一輩子的時間，
卻從來沒有學會愛，
以及好好的愛自己。

生離死別，你會選擇痛苦，還是平靜地度過？

人生而在世，最後都要面臨一死，哪怕是賢人也不得不經歷這樣的過程。

死亡是趟旅程，不要帶著恐懼害怕的心，好好享受一小段平靜的時間，很快就會回到光中。

死後的另一個世界

很多人都相信死後還有另一個世界，也許因為信仰的不同，每個人寄望的模式也有所不同。

有所謂的淨土，也有所謂的天堂。無論是哪個世界，都在反映著人心最深的渴望——樂園。

每個人都希望自己能夠被安放在美好的處所，在美妙的時間裡度過永恆。

我曾聽過一個故事，人離開世界之後，會有特別的光或是存在，將你帶到一個空間，空間裡有你，還有一個你沒見過的存在。

在面前的是一個畫面，畫面顯現著你的一生，從你還在母親懷裡的時刻開始播放著。你不知道畫面裡的人是自己，你對畫面中的主角，開始有了一些評論，而旁邊的存在也跟你討論著，直到最後，你給了一些總結，你認為這個主角，該這樣、該那樣，以及怎麼做會更好。

最後身旁的存在會問你：「你愛畫面裡的主角嗎？」

如果你真的打從心底愛著主角，對他有所觸動，你將擁有進入天堂的鑰匙。如果你心中對主角沒有愛，那你的下一世會依照你做的所有評論，再完整經歷一次。

我常覺得死亡並不可怕，可怕的是花了一輩子的時間，卻從來沒有學會愛，尤其是好好愛自己。

沒有愛這件事情，使我們面對死亡時，充滿了恐懼與害怕，沒有愛這件事情，使我們在死亡之後，因為不愛自己而下的評論，成了來世的藍圖。或許這只是個故事，畢竟另一邊的世界，誰也不知道發生什麼事。除非自己走過，否則又有誰能告訴我們，世界的彼方，是否有更美好的事物等著我們。

在死亡的課題裡學習

生命總是如此，透過許多不同形式的分離，幫助我們學習，在死亡的課題裡，人要學的事物真是不少，要保持寧靜，要學會與愛的人說再見。

一位友人曾對我說過這段話：

曾經我以為，我不懼怕死亡，甚至覺得自己面對死亡時能夠非常灑脫，直到死亡真的向我招手，我才明白失去與分離是無法抹滅的心情。

一開始我真的非常驚惶，腦海中想的就只有活下去，任何的方式都行，可是頭腦裡卻不斷地跟自己說冷靜，這一切都沒有什麼，死亡並不可怕，還有種種的大道理在大腦裡搖晃著。

衝突的心情與假裝的理性，在我的身體裡不斷地拉扯，我能夠做的就是大哭一場，好好地哭一場，分離是多麼痛苦的過程，這根本沒有辦法冷靜，激動的心情深埋在毫無變化的表情裡。

然而坦然，是我最後所學習到的！

一個人在面臨死亡之後，才會變得更加成熟，這種成熟不是因為要承擔什麼，反而是放下些什麼，是一種深刻的知足，是一種深刻的理解。

在死亡面前，我才看到智慧是如何顯現。過往的種種不過是個安排，安排著人在未知的藍圖中學習。

死亡的意義究竟是什麼？這只能由自己才能夠解答。

當生命還正在運行，當呼吸正在韻律地打著節拍，無論你想要做什麼，就好好的去做。沒有人知道自己人生的盡頭會在哪裡，人偶爾要學會闖點禍，好好地做自己，以不傷害任何人為基礎。

死亡與生命一樣，從來沒有標準答案。之所以沒有標準答案，生與死才能夠成為人最美的花。

在宇宙的花園裡，人有兩種芬芳，一是出生時展露出來的純淨無瑕，二是死亡時，因為人生經歷種種痛苦而顯現的智慧。

死亡是人生經歷最後的淬鍊，是將炭木轉化為鑽石的一個過程。

所以死亡不要難過，要帶著最美好的心情，步入新的旅途。無論是別人還是自己，在最後的時刻，總是要保持著靜寂清澄。

感恩活在當下，領受人間奇蹟

如果死亡只是逼近，還沒來到。最重要的是活在當下，雖不能即時行樂，但還是有很多能夠完成的事情，拿起一張紙，在紙上寫著想要完成的事情，然後逐一的完成每個願望。

在最後的時間裡，極盡所能的覺察世界中任何細微的美好，以及美好的景色；看見人與人之間的良善，看見微風吹拂是多大的奇蹟；帶著感恩的心來觀看這個世界。

這個世界是如此的美好，就盡可能的將每個美景放在腦海裡，不斷思維每個生靈展現的奇蹟，用最微觀的角度來看待世間所有的美好。

帶著感恩活在當下，是使自己不再被恐懼煩惱的方法；因為感恩會驅逐所有負面的念想，會取代所有負面的情感，所有的煩惱將全部離你而去，哪怕死亡如此的靠近，也無妨。

如果面臨正在與他人別離的情形，我想最重要的就是陪伴。

好好陪伴在這個人身邊，傾聽他說話與他互動，以及了解他心中的願望，能夠幫助完成的願望，就盡全力好好的幫忙。

我總是會與他們閒聊，聊些幽默的事情，多講一些生活中有趣的事物，與他分享自己的生活，陪伴並且讓他不要過度的焦慮於未知的恐懼，是必要的。

那麼，如果來不及說聲再見呢？

人生最痛的事情，真的就是分離了，尤其是沒有言語的分離。

有太多人總是不小心地錯過，還來不及將內心裡的話說出來，還來不及看到眼眸，人已經將雙眼闔上，耳朵再也聽不見聲音。但有時真的得相信，世界總是有我們不能夠理解的事物。

死亡這件事情，並不代表結束。逝去之人依舊活在每個人的記憶裡。心意總能夠傳達到彼岸。在彼岸，逝去的人絕對能夠聽見你深切的心。

有時候，死亡往往是最美好的安排。帶著滿懷著愛的心，將彼此的糾纏與束縛放下，好好地祝福對方能夠進入更美好的世界裡，無論這個樂園稱之為什麼。

2-6

找回快樂：清者自樂，濁者自淨

清與濁之於福與業，
福與業之於施與捨。
自自在在，
就能常樂。

如果將人透亮的程度，作為衡量的基準點，那麼清者自樂，濁者自淨。與生俱來狀態較為清淨的人，自然而來就會吸引好的人事物，進入自己的生活中。反之狀態較為混濁的人，就會吸引許多不平靜的人事物，來到生命中。

> 清與濁之於福與業，福與業之於施與捨。一線牽一線，環環相扣。看似沒有關聯的事物，卻是聯繫在一起的。

離苦得樂，找到自己的清淨心

「人區分為兩種人，一種是來還債的人，一種是來被還債的人。」有一天與朋友在聊天時，他向我說道。

如果有日我與你借錢，你跟我說不必還，我會很開心，心中的感激不勝言語。來日我必定感激在心，有朝一日絕對湧泉以報。當然彼此之間都不希望有誰會有落難的一天。

回到先前提到的論述——清者自樂，濁者自淨。對於狀態較為清淨的人，喜悅自在本就是與生俱來，一出生就惹人疼愛，所有好的事物都會來到這孩子身上。清淨狀態的人天生就內建「斷捨離」的程式，所以為執念而苦的成分比較少，但對於真善美的品質要求就會比較高。也可以說這人是屬於「樂中找苦」的人，天下本無事，庸人自擾之。

明明就是喜悅自在的人，偏偏就有這一執念，真是所謂的「擇善固執」，也因為對善的執念，有時清者會感覺到苦。

在清淨狀態，且進入喜悅的人，何來的苦？又何須離苦？苦本來就是不屬於此人的事物。知足且常樂，清淨者應當以此為主，將事物看得自然，但不必看破，也無須對良善過度追求，自自在在就能常樂。

對於混濁狀態的人，通常在人生課題的學習上，比清淨狀態的人多一些，多生累劫殘存而來的雜質，尚未得到清理，以至於在這一世出生之時，就攜帶了過多的議題。

自小就需要付出比較多的努力，才能夠平衡個人的狀態，以達到清淨，也因為努力蛻變自己，自然對於真善美的實際追求與行動也相對的多。

每個想要的事物，都需要自己努力地追求，才能夠獲得。在內心深處會有一絲絲不易察覺的匱乏感，因為這樣的匱乏感，而不大與人分享美好的事物。

施與受，找到生命的自在平衡

「斷捨離」是混濁狀態的人需要學會的首要議題，第二項議題便是──施與受。

學習將生命中所有不需要的放下，而不是背在自己身上。別因為努力了太久，以至於獲得一些美好之後，就緊握著手，不願放開。

這個世界的所有事物都是流動，沒有一個事物會停留太久，無論是好是壞，是對還是非。手上握著事物太多，好的人事物便無法進入你的生命裡，因為生命的空間都已經被占據。

緊握的事物像是一灘死水，漸漸地只會發出異味。現在就鬆開手，釋放所有得來不易的事物，讓新的事物進入生活中。

施比受更有福。一個不懂得分享的人，注定只能孤獨的度過人生。人生就是有捨有得，當抓取的執念變得沉重，生命就會開始失去平衡，許多不平靜的事物，因此被吸引到身邊。還債與被還債的人之間，有著很有趣的現象。

如果有一天，擁有清淨狀態的人，能夠保持知足常樂，而且樂於分享美好於他人。

前來還債的人，也就變得沒有壓力，為此能夠輕鬆自在的生活著，將努力得來的成果分享他人。於是，這個世界會少了很多的問題，大同世界自然也不遠矣。當然這樣的機會，可能會非常的小。

一個人的喜悅與痛苦，其實就在施與受之間。

這個世界總是要有人先分享美好的狀態，身邊正處於較沉重狀態的人，才能夠得到幫助，藉此轉化自身。

水往低處流；擁有好頻率，充滿正能量的人，唯一小小的責任就是將所經驗的美好，分享出去。

超脫煩惱，重回清明寧靜

寧靜是一個很重要的品質；這攸關著內心是否清明，以及由煩惱而來的熾盛火焰能否寂滅。

人在一生有太多事情會遇到。地球上七十億人口，就會有七十億種煩惱，每種煩惱裡頭又有種種的變化，種種的差異，種種的成因。我們無法探究完所有煩惱的成因，能夠做的就是將寧靜喚醒。

寧靜如同雨露帶走種種塵埃，寧靜如同沃土安頓萬物。

找到生命寧靜的方法，一者就是知足常樂，一者就是學會慈悲喜捨。

每個人皆是如此，無論在世間獲得多大的成就，擁有多少的財富，一旦死亡來到面前，最終任何財富都無法帶走。

如果喜悅的生活，是人一生最終追求的意義，那何不將喜悅帶入分分秒秒當中，活在當下。

每個片刻都以當下所感受的喜悅作為依歸，那離開人世時，後悔的事情就會少很多。

因為沒有感到歡喜的事物，便不要去做；去做所有任何使你感到歡喜的事物。

人要活在當下，在深刻的覺察、觀照、洞見中找尋喜悅；喜悅就藏在真實的深處。

要進入知足常樂、慈悲喜捨的狀態，只需要體悟到這幾件事情：

◆ **凡事自然**：不要有太多的執念。
◆ **學會放下**：所有事物都是流動的，懂得順流而走。
◆ **除去匱乏**：認知萬物之間的相互依存，明白所有真實的需要，都能夠被滿足。

「滄浪之水清兮，可以濯我纓；滄浪之水濁兮，可以濯我足。」然而無論是清者亦或是濁者，都要為自己累積足夠的善行，才能夠將喜悅遍入生活當中。

美好的狀態，是可以靠自己培養出來的；透過正直誠信，透過反觀自照，內在的光就會顯露而出，將所有匱乏的感受轉化成至善的意識，進而使自己的狀態，越來越顯明，越來越透亮。

「見素抱樸，少私寡欲。」形成這個世界的因素太複雜，就算以人的智慧想了千年萬年，還是無法參透這其中的奧妙。

但大道至簡，真正的道理總是會藏存在簡單的事物上。遇到事情不要想得太複雜，一切並不難，只需要自然而為。

III

蛻變

改變覺知的五感開發

生命最原始的動力，來自於最原始的欲求，

而欲求源自於身體的各種感知能力。

3-1

為何覺知開發很重要

覺知是一道熊熊烈火，
洗滌所有的黑暗與無明。
所有潛藏在深層的雜質與負荷，
都會被淨化。

生命最原始的動力，來自於最原始的欲求，而欲求源自於身體的各種感知能力。

如果每一種感知能力能夠完整的開發，並善加地使用，就能增強自己處世的能力。

這些感知能力帶給我們的也許是名利，或者是某種權力，可以是修行所求的平靜、喜樂，也可以是所有人都在追求的幸福快樂，感知能力影響著每個人生命的節奏、規律，甚至是品質。沒有感知能力，就會失去思考與創造的能力。

回歸中心，開展個人的感知能力

哲學家曾說過：「不懂得思考，與死亡又有什麼差別？」

不管生命要走向何方，人生要如何創造，都得透過身體這個載體來感受。人的快樂是架構在求知的欲求上，知是透過身體的感知能力，感受萬事萬物帶給我們自身的一切覺受，所有覺受就是所謂——當下的體驗。

體驗會儲存在人的腦中，形成記憶，也就是所謂的經驗，接著我們從經驗中，學習著取與捨的能力。

在缺乏足夠的感知能力之下，人對於未知產生恐懼、逃避，進而感受不到自身存在的價值，為此否定自己或是否定他人存在的價值，過度地自我中心、自私、自大、怯懦，這一切是因為缺少了深厚的感知能力。

如同佛家參禪悟道，無一不是提醒回到自性本心之中，回到內在最真實的一面，唯有回歸中心，才能夠開展個人的感知能力，甚至將感知能力轉化為更深的覺知能力。

當覺知能力被開啟，喝一杯茶、吃一頓飯，或者是聽一首歌，都會成為最美好的經驗。

失去深刻覺知能力的人，人生不過是多種角色的扮演，最終演的都是別人的人生，自我存在的價值早已逝去。

然而每個生命都是獨一無二的存在，每個生命都必須找到自己的本質，在本質的運作下，保有自己的完整性。當一個人對自己有了深刻的理解，就會開始尊重自己、敬愛自己。

回歸生命的當下，在生活中好好善待上天賦予我們的珍貴人生，甦活所有的感官，使所有的覺知能力都發揮到極致，才能夠明白尊重自己與他人的真義。

五感甦活，啟發覺知能力

眼、耳、鼻、舌、身，所衍生出的視覺、聽覺、嗅覺、味覺，以及觸覺，如果都能夠完善地得到開發，深刻的覺知能力就能夠被啟開。

一旦起開生命中所有的覺知能力，就能夠保持清明，而不是無明。

因為無明，人的一舉一動、一念一想都會是煩惱的起因，一旦煩惱燃起，內在就會陷入苦的狀態之中，當內在陷入苦的狀態時，現實生活的行為就會受到影響，進而吸引了不適當的人事物來到生命中，形成苦難。

為了要斷除生命中所有的苦難，以及內在的苦，我們必須從五感出發，從五感的更新與調整出發。

五感如果能夠維持在清明澄淨的狀態，就能夠為我們吸引美好的人事物。

然而五感又是怎麼影響著每個人的狀態？

頭腦經由五感接受到的資訊作為判斷後，產生相對應的行為，而行為會在現實中產生相對應的回應，回應會再度經由五感的傳遞回到頭腦中。如此輾轉輪迴，從不間斷，直到人身逝去為止。

我們都想要獲得更好的生活品質，認識更多美好狀態的人，以及擁有豐盛財富、權力與名聲，或者生活中任何形式的喜悅與自在，小小確幸也囊括在內。

最簡單的方式就是透過改變五感，進而改變所有的環節。這對一個人來說是最為簡單的方式。

當然，當一個人的感知能力開發成更深的覺知能力之後，對於萬事萬物的敏感度也隨之增強，許多人會在這種狀態中感受到更多的事物，也許是舒服的感受，也許是不舒適的感受。

生命的勇士，最大的成就不是因為擁有多少的金錢、財富與名聲，而是面對內在黑暗的能力。

擁有強大覺知能力的人，也擁有面對內在深層黑暗的能力，就像是手拿著一束探照燈，將所有的事物顯明出來，也因為所有的事物變得明亮與清晰，能夠做出最好的判斷，將所有的判斷都化為完美的行動，而完美的行動將帶來豐碩的果實。

覺知是擦亮黑暗與無明的焰火

許多時候，一個人的成長能夠帶動許多的人的成長。從非常多的例子中能夠看到，一個人自身的轉化，能夠帶動整個家庭或是家族的成長。

有時，更能夠帶動居住社區，以及社會的成長。這完全取決於這個人的狀態有多深厚。

讓自己成為照世燈是非常重要的事情，當你成為在世天使，許多人會因為你的狀態、言語、微笑，甚至是行動而得到莫大的幫助。

> 覺知就像是一道熊熊烈火，擦亮所有的黑暗與無明。所有潛藏在深層的雜質與負荷都會被淨化。

當一個人被社會化後，就如同行動的機械，早起刷牙、吃飯、上班，在公司裡完成職務，下班回到家也一如往常的吃飯、刷牙、睡覺。如果一個人缺乏了對生命的好奇，整個人會像是一攤死水，毫無生命力可言；如前所說，缺乏了創造力。

創造力是一個人所有的根本，這股力量是推動個人進入更高巔峰的元素。仔細回想，任何的事物都需要強大的推進力量，幫助我們在各方面的運作，無論是在工作上、事業上、生活上，任何類型的豐盛都需要強大的創造力量，唯有人進入真正的創造過程，才能夠滿足所有個人的欲求，一旦個人的欲求受到滿足，寧靜的頻率就會從內在油然而生。

因為欲求得到滿足，就代表著對於生存需求的滿足，恐懼會因此降低許多，生命少了恐懼，就能夠勇往直前，毫無畏懼的經歷每件人事物，將喜悅顯化在生活當中。

甦活五官的敏感度，能提高對生命的好奇與熱忱，加強個人的創造力與思考能力，甚至能進入寧靜喜悅的狀態。

不論是何種狀態的人，都需要提升覺知能力，創造更好的生活品質。

3-2

視覺開發：我見即所示

透過視覺的覺知能力，
可以將許多人事物的美好，
帶進個人的生命裡。

開啟覺知能力之前的首要之務，是必須要有真實的認知，那就是你的覺知能力因為許多因素，而被覆蓋住了。

需要明白的是，不論哪一種身分、種族、文化、環境，每個人都內建了覺知的程式，只是尚未被啟動。

走出視覺迷宮，找到價值所在

人的眼睛是非常敏銳的感官，擁有五億七千六百萬像素。它對於每個人臉部活動都非常的敏感，然而能夠帶給真正的效益，不是只看著人的臉部表情。

能夠利用視覺的覺知能力帶給你價值的，是對外在事物的判斷，比如對臉部的色澤、線條的判斷力，然後去覺察色澤以及線條，會對人造成什麼樣的影響。是造成吸引？還是抗拒？

一般大眾只專注於臉部的表情而已，比如喜悅的時候，就會產生吸引力，反之如果臉部表情呈現出憤怒，或是哀傷的時候，就會產生出抗拒的力量。一般大眾都比較喜歡喜悅的表情，而非負面情緒而呈現的表情。

所以對於臉部表情的判斷力，最多只能讓你了解到，你想經驗什麼樣的狀態。是接受、迎合，還是逃避、抗拒？

臉部帶來的結果，只有這兩種：接受與迎合，或是挑戰與抗拒。這樣的結果，對於生活會產生出什麼樣的情形？會產生出什麼樣的價值？如果遇到一個令人厭惡的臉相，這樣會產生出好的過程？當然不行！比如說，在商業會議上與人在商談合作的事宜，你絕對不會信任散發負面頻率的臉相，因為如此，對方有可能一開始就從合作的名單上去除。

許多時候在商場上，有些人總是裝做自己對於對方有好感，然後處處迎合對方的喜好，在表面上塑造出不錯的氛圍，接著一點一點將自己需要對方的部分不斷吸收殆盡，餵飽之後，才會放手，這樣的人，不斷以欺騙的行為，獲取個人所需，將自己的所有欲求都建立在他人的資源上。

然而辨識出這樣狀態的人，需要極高的視覺覺知能力。

在這樣的過程當中，人的視覺覺知能力，不是被個人的問題而覆蓋住，而是覺知的能力被牽引到其它的方向。

也就是說，他人用一些方法轉移焦點，使你個人的覺知能力，無法被順利啟開。

對於表情形態上的判別，只佔視覺中的一小部分而已。

真正的視覺判別，分成很多種種類，舉凡肉眼所見的部分，都有考量的空間，因為所有成因彼此之間有著關聯性，每份關聯性都能產生出一定程度的價值。

仔細觀察人類的活動，可以發現人類很容易會被視覺帶來的感受所吸引。

比如一個人路過一間店，看見某樣商品並且非常喜歡，就會想進到店裡逛一逛，然後消費。

這是一種再平常不過的反應模式，是由視覺感官所產生出的行為模式，因為畫面中的事物非常惹人喜愛。就如同在馬路上來來往往的人，每個人的表情都有所不同，只有充滿笑容、柔和、甜美表情的人，才能夠吸引到你。

絕大部分的人，都沒有想到過，透過使用視覺的覺知能力來判斷，可以將許多人事物的美好，帶進個人的生命裡，尤其是物質生活的層面。

一般大眾對於視覺覺知能力沒有開發，所以沒有辦法創造能夠吸引人的店面。有時，我會因為如此激盪思考著，自己有沒有辦法學習到這樣的能力，創造出一間萬商景仰的店面。

如果能夠創造出眾客雲集的店面，就是將視覺的覺知能力轉化為價值。每個人都只會對自己喜歡的東西，或是充滿人氣的東西有感覺，只是你不知道在其中蘊含著一些金塊；也就是能點石成金的能力。

開啟視覺的覺知能力

「對於視覺的覺知能力，要如何開發呢？」

每個人都可以從日常生活開始做起，比如說對於每種顏色，會有什麼樣的反應產生，或是對於線條會產生出什麼樣的想法，還有對於每種立體感、凹凸，或是平面會產生什麼樣的想法。

其實舉凡肉眼所能見到的肢體動作、面貌、表情，以及任何能透過眼睛這個感官所察覺到的，都歸類於視覺的覺知。

在訓練視覺覺知能力的過程中，可以先從對顏色的判別，也就是顏色對你來說會產生出什麼樣的資訊。

比如說可以創造出一個環境，讓每個不同的人進入這個環境中，進行過程：現在有一面紅色的背景牆，然後找五種不同臉部型態的人，柔和的、甜美的、憤怒的等等，引導他們在這個環境的舞台上，練習表達自己。

我們可以藉由這些人的反應，明白紅色的色彩會對一個人有什麼樣的影響。

不只是色彩，還能夠透過某些特定的物件，明白人是如何受影響。

比如說在一個空間內，不斷播放著他人的錄音檔，內容不斷重複著「我愛你」。不管你怎麼聽，都不會有太多的感受。為什麼？因為你只用聽覺的能力，沒有其他資訊可以供做判斷的標準。

那現在我們找了兩組人，一組是有哀傷臉相的人，一組是有喜悅臉相的人。

第一組哀傷的人說了「我愛你」，你可能沒有愛的感覺，甚至只感受到哀傷的氛圍加劇。

第二組喜悅的人說了「我愛你」，你可能很快地就感受到愛的氛圍，以及喜悅的氣氛。

為此能夠明白，每個人會針對不同的形態，而做出不同的判斷。

接下來還有個實驗：

路上，來來往往的人中，有一位擁有和善面容，穿著粉紅色、明亮色系的人。接著這個人在路上不小心撞上了你，而他回了一聲「對不起」。你的答覆很有可能會是「沒關係」。

「為什麼？」因為粉紅色的物件，能帶給人內心開闊且喜悅的感覺，是這樣的印象導致你有良善的回應。

反之，如果今天是一位穿著黑色系的人，全身充滿強烈且具有侵略性的氛圍，加上一點面無表情的元素，當這個人撞上了你，你可能就會因此而生氣，並對人有所怨言。

可是如果今天是穿著一身強烈的黑色，侵略性的顏色比較強一點，再加上冷酷的表情，在撞到你的時候，你可能就會生氣，還會多罵我兩句。

透過這幾個例子，可以發現說出一樣的話，或是同樣撞到人，對方都會因為視覺、聽覺的不同，產生出不一樣的反應模式。

一旦能夠明白視覺的重要性，即便是知道自己內在狀態不好，也能夠創造出好的面貌示眾，因為散發好的氛圍，就能夠使自己容易被他人所接受，或使他人感到歡喜。

一個人要擁有好的視覺覺知能力，首要之務就是認知自己缺乏覺知，再來就是訓練自己的覺知能力。

可以藉由明白萬事萬物如何透過視覺影響內在，以及視覺如何影響個人的判斷能力，來提升自己的覺知能力。這樣的提升，有效地增強了對於一切事物在各方面的敏銳度。

這樣簡單的訓練，就能幫助人理解，為什麼每次都撞到人，每次都被別人多罵了兩句。為什麼有些人撞到人，他們跟對方致歉之後，對方不但說沒關係，還順便向自己說聲：「抱歉，我也沒注意。」

視覺的覺知能力，能夠有效的在第一時間看見自己呈現於現實生活是什麼樣的狀態。也因為看見，才更快速地調整自己的各個部分。

3-3

聽覺開發：反聞聞自性

人先有聽覺，
而後有視覺。
因此「清明」二字，
「清」總是擺在「明」前面。

聽覺覺知能力的培養，是透過對聲音的敏感度來進行。所以在進行覺知能力培養的過程中，一定都會要求閉上眼睛，或者是用眼罩將雙眼蒙上。

在這裡可以發現的事情是，當兩位將眼睛蒙上的人在交談的時候，就沒有辦法判斷對方的表現是如何，因為聲音與視覺畫面沒有辦法串聯在一起，因此你會更加用心地去聆聽。

聲音背後沒說的事

聲音所呈現出來的表達，只是一種訊息的傳遞形式。它比較沒有任何感受性的問題，除非聆聽的內容有敏感性的字眼，比如說低俗、辱罵的用詞。

當一個人在雙眼蒙上的狀態下說「我愛你」，以及睜開眼睛的狀態下說「我愛你」，是不一樣的成效，因為感受一定會有程度上的落差。

比如說，有些夫妻在爭執的時候，只要將兩個人雙眼都蒙上，透過引導來交流溝通，就比較不容易產生摩擦。

單單只是聲音的部分，就能夠產生這麼多不同的結果，聽覺透過感官所衍生出來的感受，是非常多元的。

可以從旋律的部分來理解。當你正在聽大自然、蟲鳴鳥叫的聲音、汽車來來往往的聲音，人的內心狀態是會有所不同的。比如說聽到蟲鳴鳥叫的時候，人的心中就容易有種雀躍感。反之，聽見汽車來來往往聲音的時候，就會有一股莫名焦躁的吵雜感。

在人類的音頻當中，每個人所呈現的狀態都不一樣，有人的聲音是平的，有些是充滿磁性的，也有些是煩躁的。

磁性多一點的，聽著聽著就會想要進入睡眠。如果是令人煩躁的聲音，就會想要立刻逃離。

柔和的聲音，讓人想要聆聽。不同狀態的聲音，所衍生出來的內心狀態是完全不同的。

然而一個人要如何觀察到這麼細微的東西？

外境會透過耳朵而感知，感知會創造出覺受，覺受會輾轉吸引你所聚焦的事物，聚焦的事物再度透過耳朵所感知。

開啟聽覺的覺知能力

人心對於文字本身，其實沒有任何相對應的聯繫，它只能使你的頭腦察覺到事情本身的架構而已。

當人在形容視覺的時候，都是使用「明不明白」，聽覺則是使用「清不清楚」。

常常說到「清明」二字，就能在上一句話顯示出重要性了。為什麼「清」總是擺在「明」前面呢？

母親懷胎十個月時，每個孩子在腹中能夠使用的感官，就只有聽覺的部分。視覺的部分相對地就比較模糊。

所以每個人一定是先啟用聽覺接收聲音，尤其是懷胎十個月內，孩子都在聽母親的心跳聲。

對孩子說吉祥話，以及聽一些美好旋律的音樂，這不就是所謂的胎教。人先有聽覺，而後有視覺。所以在聽覺的部分，每個人要進入的狀態是「清楚」；在段落與語氣上要表達清楚。

這個如同一位歌手在處理音樂的旋律與歌詞時，可以很敏銳地知道，哪些音調與字句能夠產生更大的共鳴。

音準、旋律，這些透過耳朵這項感官所察覺到的事物，都可以作為提升聽覺覺知能力的一種訓練。而訓練的過程中，如果能找到落差，能夠有對照組，可以讓人比較有辦法產生辨別力。

比如說今天一整天都在放蟲鳴鳥叫的聲音，與風吹過樹梢的聲音，隔一天則是播放著汽車來來往往的吵雜聲。經過這兩天過程的人，在行為上就可以看出一些端倪。

人在接受美妙旋律的時候，內在的心情與狀態都會是喜悅且開闊的狀態，反之，如果是處於充滿紛亂混雜的聲響當中，人也有可能會受到極大的影響，因此變得焦躁。

聽覺的覺知能力，其實幫助我們練習傾聽的能力，透過耳朵這個感官，將聽覺的覺知能力啟開。有時就可以感受到對方的狀態，就只是單單聽見對方在活動中製造出來的聲響，就能夠判斷一個人內在的心情。

感受萬事萬物振動的頻率

聲音其實透露了許多訊息，萬事萬物都是一種振動的頻率，就連物質界都會有其獨特的振動。

比如椅子有椅子自己的震動，水杯有水杯的震動。每項事物都擁有許多的資訊，每項事物都有自己的心跳。

當我們透過聽覺覺知能力，就能感受到整個世界的活動，靜下心來，甚至非常遙遠的事物產生出來的聲響，都有可能感受到。

平常可以訓練自己靜下心，先練習聽見自己的氣息聲，慢慢地再去聽心跳聲，逐一擴展至身邊的聲音。

建議在這樣的練習時，最好到一個比較少干擾的地方，比如大自然或是寧靜的空間。在專注狀態的人，非常容易受到驚嚇，所以要找一個不會突然有巨大聲響的地方。

從感受萬事萬事的頻率震動，到「反聞聞自性」，放下耳根，放下一切有形無形的聲音，親聞自性。訓練這項覺知能力，有時能夠快速地幫助我們理解自己，也可以快速的理解他人的狀態。

如前面所說，每個人事物都有固定且獨特的振動頻率，這些振動頻率都蘊含著資訊。掌握每一份資訊，就能夠為自己帶來更大的創造。

比如說，可以在第一時間就了解對方的狀態，如此就可以掌握好說話的先機，以及要給出什麼樣的語氣以及言語，幫助彼此達到更大的共識。

振動頻率有時不一定是一種實際的聲音，有些時候更有可能是聽覺上的感受，只是一種感覺，從耳朵而來的一種感覺。可能是喜悅或者是哀傷，有時也有可能是憤怒，或是忿忿不平的怨氣。

當然這樣的聽覺識別，已經是擁有非常高的覺知能力者，才能夠達到的狀態。

一開始人能夠感受到的，就只有對方製造出來的聲響，我們可以藉由聽見這些聲響，反聞聞自性，看看內心會有什麼相對應的想法與情緒會跑出來。

藉由內在產生出來的事物，我們可以知道對方的狀態。

比如當你與朋友約好要一起用餐，當朋友走進餐廳時，你發現腳部所傳來的聲響是用力且急促的，拉開座椅時，因為快速摩擦產生出來的聲音是尖銳的，以及朋友呼吸的氣息是深沉且用力，這時就可以判斷這位朋友正處於憤怒的階段。

這只是一個明顯的例子，事實上現代人都會隱藏自己的情緒，甚至會改變肢體語言，使人不易察覺他處於什麼樣的狀態。

但是許多更小的細節，是無法被調整的，如氣息的聲音，以及對方每個動作所產生出來的聲響，是不可能被隱藏的。

如前面的例子，如果已經察覺到對方正在憤怒的狀態裡，用詞遣字就會更加的柔和，語氣也要調整得更加平穩，以及充滿寧靜。

這份覺知能力也能夠用於商務上的談判，可以提早掌握好對方的狀態，進而給出適合的回應。

3-4

嗅覺開發：美好的氛圍

嗅覺像是
生活的調色盤，
將生活中所有空白
慢慢補足起來。

在這個充滿氣味的世界裡，人們卻常常忽略了嗅覺的感受。

每項人事物都有自己的味道，就如同萬物都有其獨特的振動頻率。除了其它感官帶來的經驗，透過嗅覺，人可以經驗更加豐富的世界。

讓自己成為一位「好鼻師」

如前面所說，味覺與觸覺是直接體驗外在世界的感官，而嗅覺則是默默的經驗著外在世界。每個人對於氣味的感受都有所不同，這取決於每個人在腦裡對於每種氣味的定義。

雖然每個人的感覺都會有所差異以及不同，但大部分的人對於氣味還有是一定的通則。比如說酸腐味可以刺激人的憂患意識，甜味可以增加對事物產生美好的聯想，香味則可以放鬆內心緊繃的情緒。

每種味道都能夠帶出不同的內在變化，有些是反射性的反應，有些是因為一些經驗，而有其它的判斷或感受。

嗅覺需要多樣性，不能常態性的只接受同一類型的味道。太常聞固定的氣味，就會使人產生惰性。少了反差的氣味，感受就會變得單調無味，甚至感到厭煩。

不像過往的時代，只有大自然的氣息，現今的社會環境，有太多的氣味瀰漫在空氣中，大量的汽機車廢氣、工廠廢棄、餐飲業所產生的油煙與味道。在這麼多混雜的氣味中，鼻子因為彈性疲乏，而無法保持足夠的敏銳度。人類的嗅覺是非常重要的一種感受，我們能藉此聞到食物的香氣，能夠聞到空間的氣息，更能聞到代表個人的香水味。

嗅覺就像是生活的調色盤，將生活中所有空白的部分都慢慢補足起來。

太多時候人們總是忘記了嗅覺的效益。

很多人在開店時，都會選用好的燈光、音樂，以及令人舒適的室內設計，卻常常忘記嗅覺的重要性。一間店內的香氣，有時比其它感官帶來的感受，更能貼近人心。

現在有許多的店面，開始注意了香氣的重要，甚至會有人特別請人調出適合店內空間的香氣，香氣會吸引路過的顧客，有時更能夠催化顧客的消費需求，以及回流的次數。

香氣在某個層面來說，也代表著個人的呈現，表達出個人的特性與狀態。

社會上的每個人，就像是不一樣的花朵散發著芬芳。我們用嗅覺的覺知能力，感受每個人的香氣。每個人的香氣，指的不只是身體的味道，更是每個人經歷人生，由內心顯現而來的芬芳。

我們都要成為一位「好鼻師」，聞得出每個人特性與狀態，明白自己是否能夠與對方調香，調和成美好的味道。

有時候兩個人散發出來的都是美好的香味，混和調香之後的氣味，卻是令人卻步。

合作也是如此，也許兩個都具備一定的實力與能力，但真正開始運行時，卻發現行事作風與處理的方法有太多的衝突。

生命就像是座花園，無論是人，還是事，還是物。每個個體都有自己的香氣，每份香氣的培養都是得來不易。

這些香氣是由一個人的歷練而來的，是由社會環境與文化而來的，更多時候是不斷地努力才能夠獲得。

一個人的氛圍就是香氣，一個人的成就也是香氣。

無論是外在能感受到的香氣，還是內在才能經驗到的香氣。

嗅覺的覺知能力，幫助我們能夠體驗人生的另一層面，讓我們能夠經驗更多的美好。

開啟嗅覺的覺知能力

走到大自然之中，慢慢地做個深呼吸，感受每種氣味像是一絲絲的線流入身體裡。

仔細覺察空間中氣味的不同，感受每種氣味的差異性，進而覺察到每種氣味，會牽引何種內在感受；或是在用餐時，仔細且飽滿地吸入食物的香氣，感受香氣帶給人的感覺。

最重要的，其實就是將專注力放在鼻子上，感受每種氣味的流動。有時能夠在空氣中得到許多的資訊。

比如說在下雨之前，你會聞到一股悶住的濕氣，這表示待會就會傾盆大雨，或者是在冬天結束之後，空氣中就會瀰漫著新生植物的氣味。

有時只要聞一聞一個人身上的味道，就能夠推斷這個人去了哪裡，遇見了什麼人，做了哪些事情。

在空氣中有太多可以察覺的事物，如果我們將專注力放在嗅覺上，可以間接知道世界的變化，進而加強與世界的連結。

嗅覺的覺知能力，雖然無法像視覺與聽覺那樣，直接帶來許多的體驗或是成效，但這個默默運作的覺受能力，卻能夠比視覺或是聽覺帶來更大的資訊。當然這必須將覺知的能力提升到一個水平才行。

如前所說，氣味就如同生活的調色盤，如果看到花朵卻聞不到花香，豈不是非常可惜？

氣味在程度上影響著一個人的情緒；就像是電影的背景音樂一樣，少了音樂，電影就變得了無生趣，無法帶入情感。

然而情緒也會影響著一個人的行為；因為香甜的氣味能使人感到喜悅，臭味會使人感到焦躁與厭惡，甚至香氣會減低一個人暴戾的行為。

嗅覺與香氣之間的關係，是如此的緊密。在一些論述中指出，香氣會影響腦部的活動，不同的氣味會產生出不同的情緒，透過改變氣味的方式，就能間接地影響著一個人的方方面面。

有時，香氣也扮演著某種記憶點。藉由氣味，腦部可以連結到一些情境或是過往的經驗。比如前任伴侶身上的香水味；當你在往後的日子，只要聞到類似的香氣，就會立刻連結到前任伴侶。

每個人都有前段香氣、中段香氣、後段香氣。當一個人具備品味他人的能力所散發的香氣時，就能夠掌握更大的能力，並且擁有更多的資源。

有些人雖然在一開始的時候散發出刺鼻的味道，但誰也說不定在最後的時候卻散發出人人都愛的氛圍。擁有高度敏銳嗅覺覺知能力的人，才能夠察覺到哪些人擁有上好香氣。

嗅覺的覺知能力就像是隱藏版的大師，幫助人領受更多的多元與豐盛，找到更多美好的人事物來到生命中。

3-5

味覺開發：人間嘗百味

味覺的覺知能力，
幫助我們品味人生的層次，
品嘗每個人帶出來的氛圍。

自古以來，人以食為天。在沒有科技文明的時代裡，能夠好好吃一頓飯，已經是最幸福的一件事情。

味覺，慾望的起點

味覺是基本慾望的起始點。當人處於飢餓狀態時就會感受到低落。當人剛飽餐一頓後，就會變得怠惰。

每個人都會恐懼挨餓，期待溫飽。因為挨餓在某個方面來說，象徵著生存受到了威脅。為了讓自己能夠飽餐，並且不受到生存恐懼威脅，人類的文明也因此加速前進。

自從進入科技文明之後，人類的生存方式產生巨大的改變，不再像過往的時代文明一樣，恐懼著要如何溫飽自己。

科技文明帶來許多的便利，其一是食物的來源變得更多，其二是交通便利，能將各種不同的食材運輸各地。

食材開始變得多元，食物的味道也開始變得多樣。不同的味道給予人不同的心靈感受。

◆甜味

增加幸福喜悅的感覺；處於心情低落的人，大多數都喜好甜食，透過甜食的幸福感安撫自己。

◆鹹味

調和內在的平衡與和諧；北方人因為身處天寒地凍的環境，身處比較嚴苛的生活環境，味覺上比較喜歡重鹹。

南方人所處的環境比較豐盛豐饒，因此在飲食與味覺上，比較偏好輕鹽喜甜。通常喜歡吃重鹹的人，侵略性都會比較強烈一些。

◆辣味

產生激昂的情感；生活比較苦悶，毫無生命力的人，建議多食用一點辣味的食物。

◆酸味

產生聯想的能力；純粹的酸味能夠產生想像力。酸甜能夠產生創造力。當遇到不如意的事情時，可以多吃些有酸甜味的食物，可以幫助你產生美好事物的連結力。

◆苦味

增加自我認同；苦後回甘的感受，能帶給人天降甘霖的感覺。

品味人生的層次

味覺的覺知能力，幫助我們學會品味人生，幫助我們學會品嘗每個人所帶出來的氛圍。

每個人都是由不同的因素與條件所組成，裡頭蘊含著社會環境、文化宗教、家庭教育，以及個人信念與情感活動。

一個人擁有味覺的覺知能力，能夠幫助察覺到何謂「層次感」。

食物的味道其實相當複雜，因為味道是由不同的元素所組合而成，就如同每個人的人生，都是由很多不同的條件因素所組成。

人除了這些元素組合而成之外，還有三種層次：

第一種層次，屬於身體的層面：人總是想要吃好、喝好、用好，食衣住行的所有慾望都希望被滿足。

第二種層次，屬於心靈的層面：內在的需求渴望被滿足。比如自我價值的認同與肯定，以及對愛的渴求。

第三種層次，屬於精神的層面：希望貢獻與服務他人。

人生有這麼多的元素與層次。你曾好好理解過，自己由什麼樣的元素所組成的嗎？是否曾探究自己屬於何種層次？

絕大部分人的味覺覺知能力是麻木、沒有開啟的，或者是曾經開啟，卻又變得麻木。

當人恢復味覺的覺知能力，就能夠為自己平淡的生活帶來真正的層次感，也可以說是重新發現生活中的層次感。

生命會開始變得不單調，一切也開始變得活絡起來，你會感受到生命的多元，以及這個世界如此的豐饒多樣。

開啟味覺的覺知能力

某一種程度上來說，味覺的覺知能力，也啟發了內在的視野。

味覺的覺知能力協助人類看見社會環境的剖面，深刻的理解到每個事物的結構，明明白白的了解生命中的每個路徑與道路。

每個人就像是精緻的甜點，每個社會就像是令人食指大動的佳餚。可是現今社會的人，內在的味蕾都變得麻木。

科技文明時代造就資訊大爆炸，人們每天都在接受重口味的資訊，每天都在品嘗著他人的負面狀態。漸漸地自己也開始變得麻木，變成了一個無法接受改變的人，甚至是無法接受新資訊的人。

經驗外在的人事物或許有些訣竅，不要經驗過多也不要過少，凡事都要剛剛好，別讓味蕾彈性疲乏。

首先要先培養外在的味覺，再進而進入到內在的味覺。

外在味覺可以藉由改變用餐的習慣開始，當你在用餐時，緩慢地品嘗食物，感受食物的每個部分，感受它的溫度、口感、濕潤感，好好的感覺這一份食物帶給你什麼樣的感受，覺察內在有什麼情感或是思想浮起，就像是電影畫面被慢速處理，在這個過程中，越是緩慢越好，敏銳度才能夠被培養起來。

接下來將焦點放在內在的層面，除了情感與思緒，看看還有什麼東西會浮現，仔細的觀察，感覺當你品嘗到食物那些區塊時，會產生什麼樣的反應。比如說吃著蘋果，感受到甜，這讓人想起了過往記憶中所有美好的事物，但果皮的堅韌，聯想到生命中比較困難的部分。

說到這裡，肯定有人會有很多的疑問：「難道吃一份食物有這麼複雜？」其實大部分的人在用餐時，並不是品嘗食物，而只是單純的進食而已。只是將食物送入口中，沒有好好的經歷它。

這樣的一份經驗會變成習性，這會養成對於許多事情的想法變得淺薄，容易只注意到表面上的事物，而不是更深層的意義。

味覺與觸覺相同，是非常直接的體驗。如果連這麼直接的體驗，我們都要直接跳過的話，對於生活中平凡人事物的感受，也將失去味道，沒有辦法帶來喜悅的感受。

味覺無感的人，就像是在吃香蕉一樣，無明地吃著香蕉皮，卻不吃香蕉的果肉。

再次回到一開始所述說的，一個人如果缺少了味覺的覺知能力，就會缺少層次感，缺少層次感，就會容易認為生命只不過是個平庸的過程，又或者會成為一名缺乏生活樂趣的人。

生活總是隱藏著太多喜悅，不要只看到表面，有時要打開味覺的覺知能力，使自己有能力看見生活的多元與多樣性。

個人與社會，也具有許多的面向，要打開覺知，品嘗人與社會的多元，看見生命的架構。

3-6

觸覺開發：感受愛流動

透過擁抱，
傳遞出愛的關懷；
透過撫觸，
感受到愛的流動。

身體的觸覺與味覺，都是直接與身體產生反應的覺受。

觸覺主要的議題是安全感，以下幾種觸碰方式與感受之間的關係：

◆輕撫

使人感受到溫暖。當內心受挫之時，擁抱輕撫可以有效地撫慰受創者的心靈。

◆碰撞

可以加強一個人的抗壓性，進而培養沉穩的心態，保持著臨危不亂。

◆拍擊

可以有效的緩解紊亂的思想與情緒；拍擊的節奏感可以使人的狀態逐漸恢復秩序。

肢體接觸，打開內心的隔閡

身體還有許多不同形式的觸覺感受，主要分成兩大類，一是主動的，二是被動的。

透過主動的肢體接觸，能夠激發更多的同理心。

透過被動的肢體接觸可以加強更多的穩定性。

比如擁抱他人，以及被他人所擁抱。

用不同的方式來培養自己觸覺上的感知，有時會有一些意想不到的效果。所以觸覺帶來的力道也比較大。

一般來說只有伴侶關係，才會透過觸覺互動，因為人對於觸覺的敏感度高，也是因為觸覺是深層交流的方式。所以男性與女性通常不會透過觸覺來互動，除非是伴侶關係，否則就會產生許多內心的隔閡。

但你會在許多的靈性課程裡面，看見許多過程是透過觸覺來經驗一些狀態。比如透過擁抱的方式，讓彼此的身心都感受到很深的安全感，以及放鬆的感受。

可能是因為東方文化的關係，東方人會比較懼怕透過觸覺進行互動。因為西方人的肢體語言中，有很多的部分都有透過碰觸交流的方式，比如說親吻臉頰、擁抱。

觸覺上的互動，通常有兩種反應的模式。

一是對於觸覺有良好感受的人：對於身體接觸不排斥的人，心性比較開闊，且內在對於新事物的接受比較高。

二是對於觸覺有厭惡感受的人：在內心底層裡比較容易抗拒外在事物，對於人與人之間的互動是相對抗拒的。

無論是在心理學的層面，還是身心靈的領域中，都會強調擁抱對於一個人的重要性。然而觸覺的區塊，卻是最難學習與培養的部分。

透過撫觸，感受和傳遞愛的流動

幼兒教育的專家們，也提供了許多的知識。小朋友在哪個歲數，該去感受世界的哪些部分，都有其介紹。

比如說在某個年齡階段，就要讓小朋友去碰觸凹凸不平的物件，或是柔軟的物件，每個年齡階段要感受的事物都有所不同。

如果小朋友按照專家或是醫師的指示，在每個年齡給予相對應的照顧，以及行為的建立，小朋友長大後的情商就會比較高，內心也比較容易充滿喜悅、活潑開朗的狀態。

反之，如果一個孩子不常被擁抱與呵護，不常被撫觸，孩子在長大之後會比較沒有自信心，容易感到挫折，表達也會比較怯懦，像是少了勇氣一樣，對於每件事情都會有過多的焦慮以及恐懼，對於新的事物比較不嘗試與探索。

每個人都需要一份愛做為生命的動力，然而最原始的愛是來自於父母對於孩子的疼愛。在嬰兒時期時，孩子是透過父母的觸摸來感受愛的流動。

這也就是為什麼，母親在孩子出生時，必須是第一個擁抱孩子的人。母親給予的愛，會幫助孩子接受這個新世界。

畢竟在這個充滿挑戰的世界裡，有愛的支持才能夠前行，愛的感受能給予孩子強大的安全感與歸屬感。

一個擁抱能產生出很多的正面能量。

然而隨著年齡的增長，以及文化的薰陶與社會化的過程，擁抱與親密的互動，似乎變成冒犯他人的舉動。

可能是因為這樣，成長於東方文化的人，相對性的少了很多的創造力，少了很多的更新。

所以一個人如果需要強大的原動力與創造力，第一件事情就是學會擁抱，學會人與人之間愛的交流。

當一個人缺乏了觸覺的感受，整個人容易呈現低落的狀態，且對於一切事物無動於衷。沒有任何一件事情能夠觸動到他，似乎對於整個世界都變得麻木。又或者這個人會呈現出強勢冷酷的狀態，似乎整個世界都與他無關。

不管是哪一種呈現方式，缺乏觸覺感受能力的人，容易與整個世界失去連結。

他覺得自己與世界是分開的，是兩個獨立的對立面，他無法為自己創造任何事物，更不需要任何的安全感。

缺乏觸覺感知狀態的人，其實是刻意與人以及世界分開的。

沒有安全感的人，等於沒有經驗到足夠的愛，也因為沒有足夠的愛，就容易受到挫折與創傷。在挫折與創傷之前，當然會選擇關閉自己的感受能力。

如果你遇到正在這樣狀態的人，也許在對方的同意之下可以給他一個擁抱。

如果是你自己正處於這個狀態，可以練習與他人擁抱，幫助自己能夠跨過心中的牆，與外界互動。

開啟觸覺的覺知能力

除了擁抱之外，還可以做這個練習。

首先將心安定下來，閉上雙眼，保持寧靜的感受，維持緩慢的深呼吸。

在寂靜的狀態中，感受身體的每一吋肌膚，感覺身上所有的毛孔，感受空氣間的流動，感覺所有聲音振動著你的肌膚。

接著你可能會感受到許多未曾注意到的事情，感受到更細微的溫度，感受到空間內的濕度。

敏銳的觸覺，以一種奇妙的方式幫助我們認識這個世界，幫助我們與世界找回連結。

當人經驗到與萬物之間的連結，就會感受到很深的安全感，分離感也會逐漸消失。恐懼開始消散，一份理解正在展開；你會明白，萬象萬物都是彼此照護。

大多數的人都忘記了這份連結，才會沒日沒夜、汲汲營營，每天像個機器人一樣，不斷追求著過多的慾望。也因為缺乏了連結，許多人都在沒有安全感的狀態下，尋求生存而非生活。

不要讓麻木成為生活的代名詞。在與朋友的互動時，練習如何擁抱他人，也練習如何接受擁抱。

當然解鈴還須繫鈴人，如果能夠與父母親練習親密的互動，保持著擁抱彼此的習慣，這將有助於開發觸覺的覺知能力。

IV

行動

反璞歸真的無垢境界

回到喜悅的方法，就是返璞歸真。

4-1

一化萬千，丟掉人生的包袱

初始與終了本身就是一，
前者指生，
後者指亡。
其中流動的事物，
正是情緒

一化萬千圖，是一張有趣的圖表，圖表展示著人生的整個過程，也是人生路徑的一種展現，在這其中有許多的選擇，在每個選擇後面都有其對應的方向與狀態。

整個過程，在古老的東方文化中，可以將它稱之為一，也就是道。

由樂到苦，從苦返樂

製作這張圖表時，我將最開始的起點稱為「初始」，將最後的終點稱作「終了」。初始與終了本身就是一，只不過前者指的是出生，後者指的是死亡。初始又可以稱為「一化萬千」，終了則是稱為「萬千歸一」。

當一個人從圖表的左邊開始向右走的時候，你會發現有些事物增加了，也有些事物減少了。

那增加什麼呢？減少什麼呢？在這其中流動的事物，就是所謂的情緒。

從人的初始來看，嬰兒時期是最為喜悅自在的，因為初始沒有任何的煩惱。所以初始也可以稱為極樂。

透過人的年齡來對照這張圖表，每個人自小就會接受來自於父母親的教育與規範，孩子漸漸地就會少了自由的感受，一旦自由減少了，人的喜悅感也會開始減少，此時人從極樂走到了大樂的階段。

當孩子到了八歲的年齡就要開始念書，進入到學校生活，開始遵守校規，以及學習如與人交往，懂得人際關係的細節，在諸多學習與教育下，喜悅的程度又更加地下降，進入中樂階段。

接下來因為社會化的過程，接受了更多的教條與規範，當進入大學以及社會階段的時候，喜悅的程度，只剩下了小樂。

進入社會就開始有許多的煩惱影響著，煩惱本身就是苦。而煩惱些什麼呢？煩惱來自於開始要經歷許多你不喜歡，以及無法接受的事物。煩惱越多，喜悅的程度就會更下降，現在連一點小樂都沒有了，進入了極苦的狀態。

人走到了極苦的時候，便會開始為生命找尋出口，開始學習智慧以及學會放下，一旦開始放下，就會進入大苦，接著進入中苦，再慢慢地步入小苦的階段。最後一生終了，返回極樂。

丟掉包袱，回到自由狀態

從初始走到極苦的階段，是喜悅的感受減少了；從極苦走到終了的階段，是苦的感受減少了。

人在生命的學習道途上，從來沒有想過要如何將喜悅找回來，以及有哪些方法可以找回喜悅？

將圖表畫一個中線，中線的左邊稱為一化萬千，右邊則稱為萬千歸一。

如果是學習人生智慧的路徑，就稱為萬千歸一。如果是學習拋下包袱的路徑，就稱為一化萬千。

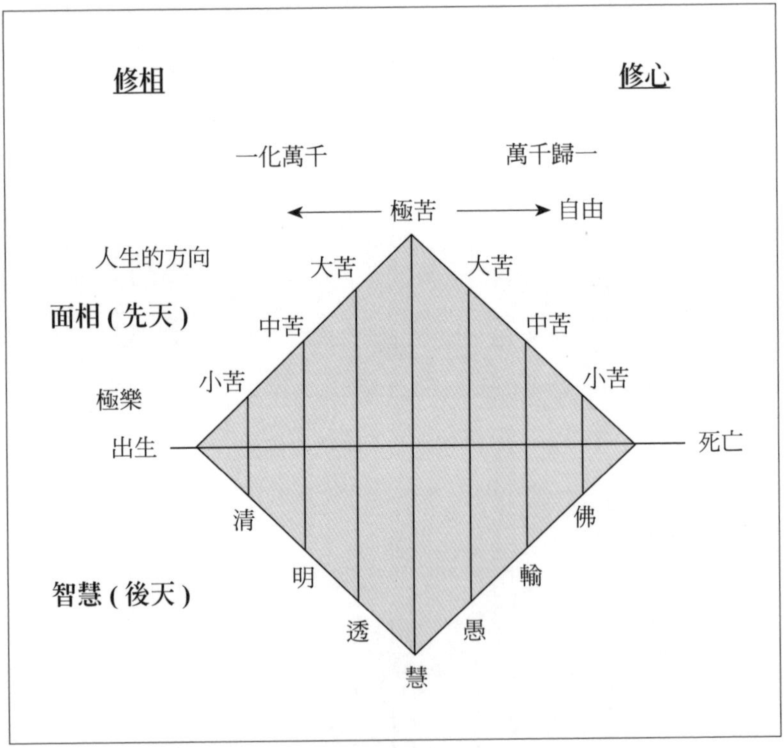
修相
修心
一化萬千
萬千歸一
極苦
自由
人生的方向
大苦
大苦
面相(先天)
中苦
中苦
小苦
小苦
極樂
出生
死亡
清
佛
明
輪
智慧(後天)
透
愚
慧

一化萬千圖

一化萬千是返璞歸真，萬千歸一則是化為虛無。

每個人在生命道途的選擇上，都有兩種選擇，一是無味、二是有趣。

當一個人放下貪求，就會少了許多人生動力，因為人的最原始的動力就是欲求。每個人都在貪求，只是要將貪這個字眼解釋地多廣泛而已。

貪求幸福不是貪嗎？貪求溫飽不是貪？貪求一碗飯或是一頓大餐，不是貪？

在這天地萬物之中，凡是不屬於你肉身的事物，哪怕是任何一樣東西，你想去抓取，就等同於起了貪求的念想。

就連求生的意志本身，也是某種貪求，因為知道貪求能夠活著，繼續自己的人生。

人是不可能沒有欲求的，然而斷除貪求這件事，是這其中最難的一件事情。不過身為人，最難能可貴的是，你擁有選擇的權力。你可以選擇以清晰的面向，明白何事該為，何事不該為。

在學習智慧的道途上，能不能往頭學？往一化萬千的道途學習，就必須學會丟包，丟下所有的包袱。

人之所以喜悅感會減少，就是因為人生的包袱太重了。

有太多人學習了智慧，學習了許多的道理與教導，卻讓自己的人生越來越沉重，沉重的原因是因為，包袱增加了。

當你開始學會真實，並將所有人生的包袱丟下之後，喜悅感就會油然而生，不必特別的去做任何事情。

為什麼喜悅會自動升起？那是因為你真正回到了自由的狀態。

中庸之道，天人合一的平衡感

人不管學習再多再高深的智慧，依然無法使自己得到真正的自由。有的只是大道理與教條而已。

學習智慧只是為了能夠更加地理解他人與自己的狀態，並且逐漸進入中庸之道。

中庸之道就是找到人與人之間的絕對平衡，以達到不傷自己也不傷他人的狀態，甚至能夠進入天人合一的狀態中。

可是中庸之道這條路，實在是太難達到了。這條路徑的門檻太高太困難了，因為任何人都不可能一直保持在良好的狀態，總是會有狀態不好、傷到人的時候。

這個人世間沒有萬事萬物都會俱全的那一天，不過人可以選擇活得簡單或是活得複雜，然而絕大部分的人在選擇的過程當中，時常找不到方向，便往學習智慧的道途上了。

可惜這條萬千歸一的道途只會增加包袱，並不會減少一個人的包袱。

往一化萬千這條路徑學習智慧的方式不難，只需要勇氣而已。因為人的包袱一多，最放不下的就是面子與自尊。

仔細看看，在這個世界上所有返璞歸真的人，有時都會去做些一般人都不敢做的事情，這不是刻意的行為，而是自動產生的行動。他們做的只是將勇氣顯現出來，並找回自己的快樂，不受這整個世界所約制束縛。

真正的喜悅就是將生命的自由找回來，所以喜悅狀態停留的時間長短，與自由的程度有直接的關聯。

當你能夠跟隨自己的心，按照自由意志而行動著，喜悅的程度就會增強。

如果你做的事情，它所帶來的自由感受是低的，使你感受到被強迫，或者是受他人潮流影響而去做，以及任何違反個人自由意志的行動，都會使喜悅感降低。

痛苦與自由是完全相反的狀態。人失去自由的時候，還不是最苦的階段，這情況頂多使你覺得被綑綁。

真正的痛苦，是因為選擇的權力被剝奪。比如說失戀、公司倒閉；也就是突如其來的事物剝奪你的選擇自由時，痛苦就會更加強烈，痛苦的時間也將隨之拉長。

最好回到喜悅的方法，就是返璞歸真，保持簡單。

當問題來時，就面對、處理、放下，然後將所有的包袱都丟下。

4-2

無垢概念，極致簡單的狀態

無垢，
一種極致簡單的狀態。
處在無垢狀態裡，
可稱之為愛的極致。

無垢的狀態，就如同在母親的子宮裡，懷裡的孩子接觸不到任何外界的事物。所以處在無垢狀態裡，孩子只是單純接受來自母親的愛，這裡可以稱之為愛的極致。

無垢，極致簡單的狀態

每個在母親懷裡的孩子，最重要也是最需要的養分，其實就只是愛而已。為何現代人都那麼強調胎教的重要性。這是因為在懷胎十個月的時間，就可以決定胎兒在未來會帶多少的濁。

除了多生累劫而來的記錄，在母親懷胎十個月的過程裡，母親有能力改變胎兒的潔淨度。

簡而言之，母體就是中性的空間，胎兒在這個空間內無論接受到什麼資訊，都會記錄下來，這些資訊的好壞會間接地影響孩子之後的人生。

誠如上段所言，母親的子宮就是一個中性的空間，一個無垢的空間。

因為胎兒不需要接觸到任何的外境，所以不會有任何外在人事物的資訊可以串聯。

無垢本身，就是一種極致簡單的狀態。

通常後天修成無垢狀態的人，已經是一個自在的人，人世間的覺者，也就是所謂的佛。仔細查看佛教的經典裡，解釋佛陀時，正是以覺者來形容，意指已經到達無垢體的人。

然而菩薩果位，還尚未修成無垢體的狀態。菩薩的慈悲心，其實就是一種推動力，菩薩對於眾生沒有辦法視而不見。

如大願地藏王菩薩所說：「地獄不空，誓不成佛。」地獄不空，就是菩薩唯一的執念，然而佛只有大願力，而沒有執念。

所以說菩薩只有少數，而佛陀的思維與智慧，就可能救所有的有緣人，只要緣份到了就得救。

你沒聽過菩薩只救有緣人，菩薩是聞聲救苦，見苦就救。然而見苦就救，是不尊重因果的。

菩薩都還要去超渡冤親債主，幫你救了眾生之後，然後回過頭還要安撫冤親債主。菩薩的境界，還是只有我們說的偽善，做著好人。

回頭來看普賢菩薩的十大願王。這些大願都只是種願力，而非執念。

普賢菩薩只是希望，用自己的經驗，提醒眾生該如此行。所以普賢菩薩的狀態是無垢的，因為祂已經毫無罣礙。

有垢，思維連結的強烈感知

有垢部分，通常在母體裡已經有垢的話，一出世間就會對許多的事物開始有感知，因為在母親的子宮內，胎兒就已經感受到垢的狀態，所以出生後就會因為外在的事物，而更加強化垢的程度。

比如說，胎兒在母親的懷裡，常常聽著搖滾樂，所以在出生之後，就會對搖滾樂特別敏感。因為在肚子裡就開始聽了，就會對這個東西串聯能力比較強。

所以在懷孕的過程中，夫妻常常爭吵或是不快樂，其實都會使孩子產生思維的連結，我們稱之為有垢。

因為有垢的人，就是對於某種思維的串聯能力比較強。有垢修到無垢，就是要去明白為什麼會這樣，明白了之後，才會知道在未來思考還需不需要這樣做。

這些是一個過程，在西方就是我們說的物理化學的反應。我看到結果的時候，我要去明白為什麼會有這個結果，他是用什麼東西架構組成？然後所以才慢慢推到所謂的分子，甚至到奈米這樣的科學出現。可是在思維上面，是無法用儀器檢測的！所以你只能夠用邏輯去推論而已。

當發現細胞的時候，產生相對應的科學，可是當出現奈米的時候，發現科學更進步了。所以發現人也一樣，當越觀察到越細微思緒的組成條件，就能夠串連出人生的開闊度。

科技不是開闊度，科技是一種進步，就是我們說的對待人的便利性，所以我們說的這種科技叫創新，可是在思維裡面就不叫做創新，而是開闊。

於是無垢就稱之為極致的開闊，而開闊是需要理解所有的事與物，還有所謂的相關連性跟對比性。開闊的本質是架構在理解，而理解是架構在感知之上。

垢和業力，人生的功課

簡單來說，垢是架構在骨頭上的。

我們知道有垢，但是什麼使有垢變得有力量？答案是骨頭的角度！

也就是說，思維在頭骨架構中的活動空間，這樣解釋可能比較聽得懂。

前面有提到，每一個表情的背後，都有一個表現空間，例如說就算笑，也不會笑到額頭。

你有看過笑到額頭？哭到下巴的嗎？哭的詮釋是在眼睛，笑是在顴骨，思維則詮釋在眉宇之間。

所以每一個地方所詮釋的情緒是不相同的，一個人說話，就有一個活動範圍，例如說心臟科，他不會跑的腸胃科去，所以每一個情緒的背後都有活動範圍。

垢就是架構在活動範圍的大與小。

業是架構在垢之上的，已經顯現出來的叫做現象，沒有顯現出來的怎麼叫做業？比如說車禍這個例子，沒有發生車禍，怎麼能稱之為業？

沒有受苦，怎麼稱之為業？通常業就是你不願意收到的負面情緒或負面事件。結果不是你所期待，而內心引起的反應就稱之為業。可是結果出來，如果全然接受它，就不叫業了。

經驗事件的時間長短，是你對事件接受度。人的業力，都是在明白之後，就不見了。

在佛教的註釋下，冤親債主就是來討、來報仇的。

如果冤親債主是被你傷害的，那代表祂是善，你是惡。為什麼善是當鬼，惡的卻當人了？你能做出解釋嗎？

所有的冤親債主都是過去被你欺負的，怎麼這一輩子變成鬼來找你。

所以養子不教誰之過？為什麼會有這句話出來的原因，就是在這裡：你的孩子去傷害別人，其實是父母親的過錯，下輩子這父母親就是要去當冤親債主，去執行教導小孩子的任務。

冤親債主不是想來折磨你，祂是想教會你。

祂教會你，就不用再繼續執行任務，可以投胎轉世做人，因為祂的功課已了。

人有功課，鬼也有功課。如果說這些冤親債主稱之為存在於世間的執念，那他的功課，就是去完成，過去未完成的事。

所以冤親債主希望你學得好。在你沒學好時間裡，祂就反覆的用同一件事情提醒你，當你明瞭了、會了，不再受苦，那祂就解脫了。然後因為你也學會了，你不再這樣的傷害他人了，那你也解脫了。

人間是道場，完成上輩子沒做好的功課

人間就是道場，在人間道場修行的原因，就是在這個地方。你在人間，難道冤親債主就不在人間？

人間為什麼不說三界，人間就是人間，鬼魂就算在人間，也是一種修行。

所以我們就可以合理的詮釋，在你周遭折騰你的這些人，其實就是在累世沒有教會你某件事。

所以祂這一輩子，就一直來干擾，讓你學會一件事，如果祂沒讓你學會，那個苦就會反映在祂的身上去，所以你看你的父母親，如果沒有把你教好，最後最折騰的不是小孩子，而是父母。

老闆沒有把員工教好，最後折騰的一定是老闆。

老闆的態度本身有問題的時候，任何的員工進來都會有問題。因為員工的反應，是反映出老闆的態度。

有些時候，佛教裡面說的是先苦後甘，還是先甘後苦的原理，就在這裡。

或許你先用一些方式，投機取巧的取得先樂，可是因為你不正確的心態會導致後果，就必然要為後果付出代價。

所以你看在台灣的新聞，老闆去苛刻員工，最後員工心生不滿，回頭修理老闆。

> 那個樂，不見得是架構在財富有多少，可是那一個苦，卻是架構在你的生命有多長。

往往苦的來源，就是在生命的長短，而不見得是你的成就消失與否。很多有成就的人，依舊感到受苦的原因就在這裡。

每個人的苦都是不一樣，每個人要學習的也不一樣。

身邊周遭任何一個來折騰你的，都可以稱之為善知識，因為祂是帶著善來教育你的。

當你在逆境時，不是要去感受逆境的苦，而是逆境要教你的。

你學會之後，就不再受業影響。所以你在人生這一世的業，往往都是這樣，這些都是你上輩子沒做好的功課。

如果你在上輩子因為貪婪而遭遇到苦難，如果不改變習氣，今生也還會是一模一樣的情況，直到有一天你不貪了，你真的懂了，逆境與困難就不會再出現，不然這些情形還是會一直顯現出來。

帶不走的業，心識田全記載

常常聽人說：「人死後，什麼也帶不走。」但其實不是，還有一個東西是人一定會帶走的，那就是業。

當人逝世之後，就會將這世的業，帶到下一世。而你下一世的福報，則是這輩子累積下來的。

所以下一輩子，如果你與生俱來無垢的特質，就會吸引相對應的福分進來，簡單來說帶著清淨無垢狀態下來的人，就會帶著很多的人和下來。

所以很多人常常在想說，死後真的就一了百了？真的就是另一個全新的開始？

其實不是！

在佛教中，還有一個東西稱為「心識田」，記錄著你這一輩子的功與過，簡單來說就是你的成績單，這輩子沒圓滿的地方，下輩子要繼續學。

而修得圓滿的地方，就不需要重修課程。狀態越好的人越快樂越輕鬆，狀態不好的人越難受越苦。

「一」的初始是有趣的，到底一是有垢還是無垢，因為每一個人都是一一相連的。

就是你從這個地方出生，那你到終了的時候，你是「一」，那你下一世也是這個「一」的延續。

在母體裡頭，如果能夠學習到去除垢的方法，是很好的；真正的教育是孩子在母體裡的十個月。

聖母瑪利亞所孕的耶穌，以及轉世活佛，這種降世的胎兒就是天生無垢。

然而懷著這種聖體的媽媽，擁有與生俱來的基因？我覺得不是！

是因為那樣的環境、那樣的氣場，引導出小孩子無垢潔淨的一個狀態。每個人一定都是帶垢下來的。不同於古代的荀子，所認為的人性本惡。

人性本惡與人性本善兩種學說，從以前就一直爭論。人性本善就是主張，是因為人出生是什麼都不帶下來。

人性本惡則認為你會帶著垢下來，所以佛教最後才給予了一個詮釋，就是「心識田」，成績好的時候無垢，成績不好時有垢，成績一百分，就是無垢，成績九十九分，還是無垢，最終下了這麼一個定論。

因材施教，從母體就開始做起

佛教最後的這個定論，套到西方科學裡面，其實是合乎邏輯。

當父母親身上帶有暴力基因的時候，你的基因序列組裡面，就會有這樣的行為。不過，這樣的行為是架構在活動空間之內的，所以在一開始，就可以修正。

既然知道他家中有這樣的人，可以用骨頭角度，去做有效性的影響，調整情緒活動基因在身體的活動範圍。

其實最好的方式，在母體裡面就要開始淡化先天基因裡的暴力傾向，把環境整理成一個平和的空間。

例如在懷孕的過程中，開始接觸很多柔和的事物，聆聽平和的聲音，採用調和的色彩與線條。

慢慢地打造出這樣的環境之後，內在暴力的元素會開始被弱化。遺傳到小孩身上的時候，暴力的元素就變弱，然後在媽媽懷孕的時候，接受這樣柔和的事物。

如果殘留負面的元素，還有骨頭空間若能得到修正，負面元素就完全不會有殘留了。

很多媽媽都不知道懷孕時，該聽什麼音樂，如果胎兒先天是帶死相，媽媽還讓胎兒聽古典樂，不就等於是加強胎兒負面的特質？

父母親都是活潑開朗的性格，結果孩子一出生，才驚覺到怎麼死氣沉沉。

原因出在胎教的重要，這位媽媽應該給孩子聽活躍的音樂，激發活躍傾向。

一開始就要因材施教，「材」的判別，可以由父母親雙方的狀態加以判定，等到孩子出生的時候，就可以再做第二項的判別。

經過判別之後，給予對的東西，這個「材」就會完整，問題也能夠得到解決。

當孩子後續長大，他就不需要花許多心思念書，因為他的記憶學習力，方方面面都比別人來得更強，在未來也比較容易出類拔萃。於是，他可以生活得快樂自在，獲得大成就。

這些理論如果完全的落實，基本上佛教說的極樂世界，很快就可以達成了。假使每個孩子都是懷著天下而降生，他們所創造出來的東西，只會有利於人，而無害於世界。

當我們能夠做到尊重的極致，來到人世間的生命跟意念，都可以如實的完成，也才能讓自己重新回到無垢狀態。

我們將因為發自內心的真實，感到簡單和純粹。

4-3

無垢追求：掌握人生七法

人生為何是苦？
一切都由心所造。
清、明、透、慧、愚、輸、佛。
定知才能不惑。

生命！一直是人生的一大課題，多少人持續追問：「為何而生？」有人追尋一種快樂，有人找尋一種解脫，追尋快樂的過程是苦，解脫求道的過程亦是苦，大家所受的都一樣，只不過對各種感受的不同，而給予不同的詮釋。

只是最終，還是沒能了解生命是什麼？

我們都在滿足別人想要的？

佛說：「苦即是樂，樂即是苦。」

誰能求得解脫？為何樂再多，都抵不過苦，原因即是如此，因為這不是你想要的，卻是大家所樂見的！

想想人生都在滿足別人想要的，成就的喜悅。

當然喜悅只有瞬間，而痛苦卻是隨之而來，大家都不想要如此被對待，卻如此真實地加諸在他人的身上。

這種對「人生為何是苦」的不理解，漸漸成為一種負擔，說穿了，人想要的不過就是一種自在，真實的自由，不畏眾人意志而放情於天地間，刻劃屬於自己的人生，這樣的人生也才無憾。但是這難道不是每個人該有的基本權力嗎？為何如此的遙不可及？

佛說：「眾生皆佛。」佛即人，人即佛，只是一落入七情六慾的世間，人就踏上——非人也非佛之路，開始扮演著各種角色，每種角色都有它得到與失去的東西，漸漸地養成了習氣。

佛說：「一葉一菩提，一沙一世界。」

人試圖著想控制生命的因果，卻不知因果是無法控制的，人善用了自己選擇的權力，但卻不願承擔痛苦，而這些痛苦能去哪？

最後只能進入人間，加諸在別人的身上，成為了眾人的意志，你說這麼多苦而聚業的意志，操控著絕大多數的人生，人間能不苦嗎？這就是為何人生快樂比痛苦多的由來。

生命是一種很神奇的存在，每個生命的聚合都不相同，所以生命是因果，因不同聚合而產生的果，即為生命。

「生」分成有形與無形，有形即為肉眼能見的大千世界，無形則為意識界，有形又細分為主動與被動，人類把它簡單定位成葷、素元素，能動的叫作生命，被動的給予另一種生命特質，而主動的則因能思考而顯得尊貴。

所以，人的生命地位自然是最高的。

但是別忘了，這些被動的生命，一旦沒了人的世界也會不存在。

所以，天地萬物之間有著相生相剋的微妙之道，這也在告訴我們人心裡的世界亦是如此。

生之本能，哭笑皆一念

生的第二層為意識界。佛家常云：「起心動念。」人一出生就如同一片田，空無一物，只有身體本身的覺知，與兩種基本的本能——「哭」和「笑」，而後這兩種本能，也就主導著我們大半個人生。

細思這兩種本能，有助於了解「生」這個字。

寶寶一出生為何會哭？記得母親常說：「因為人間苦」，是這樣嗎？想想寶寶在母親的肚子裡，被包覆著，有食物、又安靜。

然而一旦脫離母體，包覆感沒了，沒安全感就心生害怕恐懼，於是想哭，加上一出生沒有謀生能力，肚子餓了會哭，於是衍伸到後面，當人們得不到想要的，感到委屈、無力時會有想哭的衝動，面對外面吵雜或陌生的環境，也會無法適應。

哭變成了一種工具，這種自然成形的本能，雖然大多數的哭不被喜歡，但不得不承認，它真的很實用，而常用哭這個工具，成了人生下來的第一念。

而笑為何呢？見新奇的事物，見善、見柔、見美。所以，大多數人會因見善、柔、美，或自身喜好之事，而產生喜悅感，這也是一念。

這二種念想開始生長在心理，開花解果，而這個果，我們把它稱之為命，不管你願不願意接受這一切，你所愛的其實都是你親手種下的。

哭得多，即為苦的果；笑得多，即為樂的果。

人生苦樂相伴才有味道，不是嗎？

所以生命就是很多因果的聚合，至於好與壞並無分別，個人口味皆不同，有的人以苦為引樂、有的以樂為引苦，各有各的價值，所以人生沒有是非對錯，只有因果。

境隨心轉與心隨境轉

常聽人說知行合一，那為何要「知行合一」？何謂「知」？

「定知」才能不惑，又稱定智。「定行」得具備「慧的圓滿」、「愚的謙卑」、「輸的無爭」。最後「定念」，才能學習到當人的喜悅，前面提到的大智慧之成就者，在人世間稱之為真人。

這一類人因內心的真喜悅，而感召他人跟隨，自然能讓外境因他而動，而未達者的心就容易為外境所影響，那就代表越級了駕馭不了內心，而無法知行合一，自然得受點痛苦。

這裡送上「人生七法」：清、明、透、慧、愚、輸、佛。

七字就如同我們讀書一般，小學、中學、大學得循序漸進，知的領域即是清明透——清楚、明白、透徹。

◆清楚

了解每件事物皆有對立面，有正有反、有善有惡，了解並清楚因果，才能做到無分別、無立場，便少了對立面。一旦對立面多了，人生就越孤單，人的世界承受不起太多次的一分為二。

◆明白

有光才能映射出物質的本身，所以明白是一種同理心，心中的日月去照亮別人的價值，只有讓所有人的價值浮現，光的本身才有存在的價值。

◆透徹

透視一種覺察自我的能力。人的心有慣性會去觀察外境而給予評判，忽略了因果，而光也照不到自己，時間久了，就會讓簡單的事變得複雜。透徹自我、回歸覺知，可以讓很多事變得簡單、一目了然。

◆慧心

慧是對生命因果的尊重，以慈悲為本、以用心為懷，在人與人的關係上達到無佛的境界，對待自由亦如是，真正的慧心能做到有損而不為，普渡畏因即是如此。

◆愚

當上述都做到了，才能到達——愚。愚是種謙知，在這裡能感受到人在天地之間的渺小，與天地相比，智慧現與不現皆能自在，大智是大智，像愚、像魚都可以。

◆輸

輸不是讓，當世界給予任何感受，你都能受之時，心中不起無名，到了無爭，心的灰塵才算乾淨了，則進入天人合一。

◆佛

佛是一切的至極，一切隨因緣聚合，化大智慧為光，普照人間，為迷失的人找路回家。

一切都是由自心所創造的，當你能掌握好「人生七法」，就能漸漸進入清境無垢的狀態。

4-4

真善美的內心層次

真，就是初心，
善，是種無傷，
美，世界的兼容，
真善美，即是無垢。

「真善美」是所面向中最重要的特質之一，把握這把鑰匙，就能為生命創造更大的可能性。

歸真，純然地起心動念

「真的意思是什麼？」

真是一種乾淨度，一種純淨度。

首先在這裡談論兩個部分，一是「無垢」，二是「增減」。

「無垢」就如同母親懷胎時，孩子尚未受到塵世所染著，保持純淨無染的狀態。「增減」乃是在時空洪流中，你所失去與得到；人也就是在「失與得」的經驗中成長與學習。

歸真是什麼？歸真就是回到娘胎那樣，也就是所謂的「無垢」；所有事物不再影響你，心進入無為而為，不再被左右。

然而真不同於善，不等同於美，真只是一個本就存在的架構而已。

每一份初心，其實就是真，可是怎麼去如實的面對自己的心，以及被他人所包容，這個就是學問了，因為很多人表達的真，是不被接受的。

表現很真實，不代表所有人都能夠接受你的狀態，所以要如何真實地不被討厭，是一門學問。

「真」又有很多種，例如說純然、潔淨的感覺，或是一種憨厚感，每一個表達的極致，都會有真。

其中只有一種是真正的「真」，那就是「純然地起心動念」。

所謂的「初心」必須更加地純然與潔淨，甚至是以無垢的狀態而開展，才能夠有相對應純粹的行動。

純粹的行動，只會帶來完全的接受，表達真實的自己，將變得自然而然。

至善，無傷的境界

善的本質是什麼？一種絕對的圓融！

所以善的本質裡頭的判斷力，與覺受的能力要非常的強。

我們說的真善美，是因為你的五種覺受都已經透徹了，才會去衍生出真善美。

所以我們說善的覺受是什麼？

在我們的內心狀態裡面，它已經到達各項覺受的均衡，進而使身邊的事物，達到盡善。

善是一種無傷。該怎麼達到無傷的境界，才會稱之為善？

任何一種善裡頭如果帶有一點傷害，那就表示這一份善裡頭有了取捨心，也可以說是一種得失心已經出來了。

如果得失心出來，就代表有某種動機、目的、念想在裡面，這種善已經不完全是善了。

所以真正的善念是這樣的！

哪怕是佛陀面對真正的惡人也是一樣，明明知道這是十惡不赦的壞人，佛陀還是願意割自己的肉給對方，那就是一種至善的表現。

可是這一種至善裡頭，還是無傷嗎？

這裡頭還是有傷，因為日後認識佛陀的人，知道他有這樣的捨身佈施的行為，會為他心疼，所以對於別人來說還是有傷。

佛陀在後期的時候，他將慈悲為懷與捨己為人的部分補強了，透過這樣的方式，撫慰因佛陀捨身佈施而內心不平靜的人。

仔細看佛教經典裡面，它是一個概念強化一個概念，你就會發現，原來在經典裡頭很早就提到這些東西，這些就是至善。

然而這種偉大的善，是很不容易達到的。

提出中庸之道的人是有可能到達，因為它是一種絕對平衡，五種感知是絕對被啟發的；不過要達到中庸，也是有一定難度，所以說感知一定要維持在平衡的狀態。

然而，中庸很難達到真，但它要到達至善是可能的，因為它要顧及內與外的所有層面。

至美，世間沒有醜陋

美的定義是什麼？一種包容度。

很多時候人們會把美當成現象，但不是這樣的，美是一種對世界的兼容，因為它架構在五種覺知非常靈敏的狀態下，它能夠接受天地萬物之間的一切事物。

所以我們說達到真善美的人，他能夠與天地萬物之間，達到完全和諧的狀態了，就好像達摩祖師爺，在山洞裡坐禪八年是一樣的，他接納天地萬物所有的存在，達臻真正至美的觀念：這世間沒有醜陋，進入接納萬物的狀態。

在靈性的領域上，這種人的內心層次是非常高的。最後才會進入靈性的境界，因為具備了五種覺知，並達到真善美的狀態。

因為你已經是無垢的，就是你的任何一個決定、任何一個狀態，給別人的感受，就是純然的。

所以無垢的人，內心的凝定度非常高，單單是靠近他，不用聽到聲音與眼神，就已經有很高的感受。

人的覺知在沒有開啟之前，很難理解真善美，在沒有理解真善美之前，內心無法進入無垢狀態。

保持清明，掌握靈性開發的關鍵

現在讓我們來釐清宗教與個人成長之間的分野。

基督教講尊重，也講包容，但包容裡面並沒有包容其他的神，但它可以包容世間所有人。

每一個宗教背後，都有一個盲點；宗教是一種信仰，在無形間加強其信念，然後延伸到各個面向。簡單來說，就是有點像催眠的方式。

對我來說，所謂的神聖存在，層次可能比我們更高一點，開悟的時間比我們早，然後他的思想理念影響許多的人。就像大學教授與尚未受教育者之間的差別。

可是不代表這樣的存在，可以引領你的人生，給你所有的方向，真正人生的方向是要掌握在手裡面的。

宗教與個人成長之間的取捨，那得看各自的需求。

我不是說一個人肚子餓的時候，每個人都得吃兩碗飯，也許顧及身材的可能就只想吃半碗，很瘦的人可能就覺得兩碗還不夠。

每一個人其實是一個獨立的個體，有所謂的需求跟供給的問題，無論是因為何種需求而選擇，都是沒有問題的。

最重要的是，釐清宗教信仰與個人成長之間的關係。

對我來說，只是透過這本書的文字供給你的所需，使你很輕易地到達你想要的狀態，以及給自己什麼樣的能力，然後去達成目標。

一旦完成目標，人就會有自信跟滿足感，這時候你才會把時間做有用的支配，去配比在其他的地方。

比如說你可能以前要花八個鐘頭，坐在辦公桌上面工作，你才能得到足夠一個月開銷的金錢，但當你覺受能力開啟的之後，你可能不用八個鐘頭，而是只要花三個鐘頭或是兩個鐘頭，就能達成目標，剩下的時間，不就可以安排給你的家人與小孩，甚至與身邊的人事物有更多的互動。

對我而言，我並不想要引導任何人去做某些事情，反而是想著，人要用什麼樣的方式，進入到覺受裡面，因為覺受是人生的第一環，怎樣去還給人一個覺受的能力，就是說還給你一個正確的判斷力。

人是很奇怪的，在還沒有碰到騙子以前，都覺得這個人怎麼這麼笨，還會被騙！可是真正換到你的時候，沒想到你也被騙了！

人性就是如此，當是局外人的時候，老覺得自個兒不會遇到同樣的事情。當在局內的時候，就沒有辦法像旁觀者保持清明，而會深陷其中，只要有一點拉力，就會被拉著跑。

簡單來說，這表示判斷力不足。我們不能說世間所有的誘惑是騙局，這不盡然。

你只有把眼睛睜大了，就會知道什麼是騙局，什麼是機會，真正懂得成功，是因為他懂得把握機會，而不是投機，不只不要被騙而已，還要去掌握機會，這才是成功的關鍵，所以我們說，覺受的開發就是開發這些東西。

所有心靈方面的創傷，都可以靠覺受療癒。

人的內心為何總是需要安全感？因為人總是恐懼未知！對未知的東西你會產生恐懼，是因為它沒辦法聯想，沒有辦法做適當的串聯。而這適當的串聯需要的是什麼？就只是覺受的能力而已。看到恐怖片覺得恐懼，是因為不知道過程，當你看到拍片的過程，妝是怎麼化的，道具是怎麼做，你再去看恐怖片，你還會怕嗎？所以這就像在劇組裡面，當導演當製片的，會害怕看恐怖片嗎？不會！因為他知道什麼都是假，這就是我們說培養覺受的重要。未知與已知的分別是什麼？就是對未來的不能理解，以及現在可以理解。

當所有的未知，變成了已知，這世間就沒有什麼東西會讓你害怕。

已知的未知，用邏輯串聯生命體驗

今天看到一篇報導，美國有一位十四歲的小孩，他研究出癌症的試紙，五分鐘內可以檢測出所有的癌症。

這個是目前所有醫學裡面做不到的事情，可是你看他一個十四歲的小朋友，當他內在存有疑問時，沒有經費也沒有儀器，他聯絡了兩百個知名科學家，希望他們可以支持他的研究，雖然只有一個人支持他，這孩子最後還是得到了諾貝爾醫學獎。

其實人對未知的追尋，總是有極大的動力。然而絕大多數人為什麼對未來沒有追尋？

原因是因為更早之前的未知所產生的恐懼，還沒有得到解決。前面的未知，就是會讓你恐懼的東西，比如害怕一件事物時，並不知道自己在害怕什麼。

在生命的教育過程當中，沒有教過我們相類似的東西。如果在學習過程中，接觸過所有未知的時候，你對生活就不感害怕，當你知道熱水會燙人，就懂了這個道理。知道是什麼東西，就會離它遠一點。可是有些東西，我們不知道它有危險，可是卻能感覺得到危險，這個就是我們說的「已知的未知」。

「已知的未知」不代表對每一個人都是未知，全看他的覺知開發的程度。現今的教育，都不是教你已知與未知，而是一種謀生的能力。現在學習的事物，在未來是當作謀生方式，這些都不是知識，是判斷力！判斷力會跟你的價值產生對比，知識跟你的價值不成正比。

身心靈裡面，有三種層次、九種覺知；身的覺知有五種，心的覺知有三種，靈的覺知則有一種。

覺知的開發就是通過體驗。

比如說一杯水在你面前，如果它冒著蒸氣時，你不會大口喝它。

當我沒看到蒸氣時，手去觸碰杯子，感覺到燙，你也不會大口喝它。

每個覺知裡面，都有判斷力在其內。所有的判斷都是從經驗而來，你之所以有判斷，就是因為曾經有被燙過的體驗。

也許你會問：「好多事情都是沒有經驗的，那要如何處理？」

可以透過串聯，自動聯想的方式，我今天不知道什麼杯子，我要去河裡勺水喝，古代的人是用手。後來發現杯子，就取代了手。為什麼？就是發揮你的創造力，看到手是這個形狀，看到杯子也是這個形狀，所以人就會聯想，這個應該可以拿來勺水喝。

最後才開始有人用邏輯推想，可不可以幫它做個手把，能不能上點色。

你看判斷跟邏輯很重要，而邏輯在判斷之後，邏輯是架構在因為懂得很多東西上頭，就能將它串聯起來，於是，完成了這份嶄新的體驗。

當你的覺知體驗被串聯開發，真善美的內心層次也就跟著提升，內心純淨無染，也就能遠離一切恐懼。

4-5

找到生命的寧靜

覺察起心動念，
與宇宙共行不二，
發揮自己真正的力量，
蛻變成為真正的自己。

寧靜的生活，來自於內在的和諧。

一旦我們覺察到與和諧相違背事物，對此要有深刻的看見，唯有深刻的覺察內在的起心動念，才能夠修正我們的信念，透過修改信念，進而蛻變我們的狀態，再從狀態進入到每次的行動。

覺察內在的起心動念

心的語言是覺察，而不是二元特性的評判。

覺察自己的內心，讓每件事物都顯明出來，看見如何的評判與要求自己，明白每個念頭背後，你對自己的評論。

當我們與宇宙真實的規則共同運行，成為不二，就能夠發揮自己真正的力量，蛻變成為真正的自己。

感受你在人與人之間施與受的平衡，轉化自己的狀態，消融與他人之間的距離。

你身上透徹的力量，將會完全發揮，進而幫助到更多的人，更多的人因為你美好的協助，能夠解決自身的議題。

最終許多美好的果實，將會回到你的身上，美好的事物與話語，以及融洽的人際關係。

仔細看看這世界，有好多的事物，每件事物似乎都帶著奧秘，我們是否能夠重新拿回好奇心，重新看見這個世界新的面貌。

在歷史中，每一個時代的人，對於宇宙、萬物、社會，都有他們的見解，這些見解來自於每個人從環境、文化、信仰所攜帶的概念與視野而來。

明明是一樣的事物，卻因為深度與廣度的不同，而有了全新面貌，在這個世界裡，我們要掌握的是深刻的好奇心，以及去除對一切事物的標籤。

生活中絕大部分的問題，都來自於對一切下了定論，我們總是以為自己的角度萬無一失，總是覺得唯有如此才能夠掌握自己的定位，但其實這一切都只不過是因為要逃避心中的不確定感，就是這些不確定感，促使著每個人急於為這個世界下註解。

這世界有著無數的變化，每一分每一秒都在改變著，我們又怎能用過去理解的概念去感受這世界，每一次的感受都是個經驗，這份經驗應在每一次的流動之中，來然後去。

再次提升自己的觀點，讓每次的體驗都是全新狀態，就像是種更新，就算是一樣的事物，也因為自己透過不一樣的方式，體驗而有所不同。

回頭想想，腦海中是否常有固定的概念標籤？

來自於過去經驗而來的架構，正在干擾著每個當下，當下就是我們創造生命品質的關鍵點，帶著清明透徹的力量，進入每個片刻是重要的，能量就是個循環，我們將能量帶進哪個架構，它就會透過架構而展現。

架構就是我們對於世界的認知，就像是個機械，電力就是能量，機械就是架構，安排了什麼架構，並帶進多少的力量，就會得到等量的顯現。

在東西古老神話裡，看見許多神秘的幾何圖形，這些幾何圖形象徵著世界的架構，在古老的語言裡，整個宇宙就是「機械」，而如何掌握好機械的原理，並帶進多少的力量，就是關鍵點。

如同臉相一樣，我們必須明白臉部的架構，並給予合適的調理，帶進合適的觀點與內在力量，就能夠為自己創造新的生活旅程。

每個人都是個奧秘的有機體，這神奇的有機體，無時無刻都在交流著所有資訊，無論是醒著還是睡夢中，我們都在無意間，經驗著整個世界帶給我們的資源。

在心中對每個人都是保持神聖的立場，是件很重要的事情，每個人就像是整個宇宙奧秘的集合體，帶著活在當下，以及沒有預設的狀態去經驗他人，就能夠為自己創造美好的感受。

所以我們都要明白，在這個奧秘的世界裡，我們只不過是細微的光點罷了，無法窺到絕對世界的全貌，也無法理解偉大創造層面，創造出多少我們無法理解的事物。

萬物唯一能做的，就是去經驗。

經驗本身看似靜態，卻蘊含無數的時空之河在流動著，它是一種行動或是狀態，而不是某個停止。

在一化萬千的銀河裡，順著流走

萬事萬物一直都在幫助我們進化著，進化成為更美好的人，所有我們認為阻擋自己，或是傷害自己的事物，不過是為了喚醒我們心中最高的愛。

拿起活在當下這把奇妙的鑰匙，透過全新的視野，看著生命中所有的事物，不帶任何觀點。在這一化萬千的銀河裡，順著流走。

一旦我們轉化了自己，生命就會開始昇華，所有事物都將改變，也許改變的不是事實，而是我們內在的狀態。

這世界沒有無法理解的事物，唯有沒有進展的意識。

如果我們的意識狀態沒有進展到一定程度，便無法理解生命奧秘帶來的智慧，也因為無法理解，導致許多事物只能僵持著。

每一件事物都是一項挑戰與課題，沒有完成的事物就會不斷地重複著，直到能夠完全了悟為止，在此之前，我們會遇到相對應的困難與議題。這是沒有問題的，因為成長是人類的共同課題。

幾千年來，甚至幾萬年來，人類一直在學習各方面的成長，無論是在精神還是物質，人類不斷的挑戰自己，這是最美好的安排與計畫。

看見良善成為毫無疑問的展現，現在要做的是真正的擴展，進入更高的覺察，以及提高對他人的敏感度，這樣能夠確認你的力量，正在對的位置上運作。

不求回報的你，也許會因為這樣的轉化，經驗許多來自他人美好的回應。我們不求任何實際上的回饋，只求自己與他人能夠在臉上有著無法抵擋的一抹微笑，這正是我們所要追求的，讓我們再次的將焦點放在人性良善的一面，觀察每個人良善的一面，有助我們自己進入更多的正面思維與狀態中。

運用你的光亮，啟動更多人內心的良善，是件渺小卻又偉大的事情。所有的光都會隨著你的微笑、你的言語，從你的細胞散發出來，不讓任何事物打擾你的寧靜，因為內在寧靜是寶貴的。

4-6

人和：慈悲、尊重、用心

慈悲，真正的愛，
尊重，各就其位，
用心，無為而為，
一切只為成就人和。

處世的三大準則——慈悲、尊重、用心，幫助人快速達到人和的方法。任何一件事、一句話，在做之前細想，有沒有違背這三大準則。如果與這三種準則相違背的事物，寧可不為。

因為人和是快樂的本源，失去任何一樣準則，必定為自己的未來，帶來或多或少的痛苦。

如果三樣都沒有，那得恭喜你，你也沒苦可以吃，只是你會感到孤單，因為此類型稱之為「非人」，其實也不是不苦，反正身邊不會有人把你當做平常人，這苦難言。

◆ **慈悲，真正的愛**

慈悲？佛云無緣大慈，同體大悲，所以沒緣份的為慈，有緣分的為悲。慈悲簡單來說，就是真正的愛。

懂愛的人才懂慈悲，慈悲是一種心態，不是一種行為。為積德而行善，內心裡其實有所求，雖一樣是行善，結果卻大不相同。

慈悲生禍害，方便生下流；可以當好人但不能當濫好人，苦了自己，也害了別人。

◆尊重，各就其位

尊重，是尊重生命的自由與因果，常見人放生，認為是尊重生命的行為之一。但殺了一個人的起初善心，又何嘗不是一種殺生。

不要使慈悲與尊重淪為表相，反而要深刻的體悟。

如果有眾生投胎來到了人世間，轉生為一頭牛。

如果你是那頭牛，你會想要擁有長久的壽命？還是儘早依業報償債，即刻轉世投胎回去當人？

所以我們的尊重生命，可能都變成了是一種表相，為了尊重而尊重的行為。

有時人世間的惡，並不一定是惡；人間的善，卻一定是善。

業力輪迴，一切自有人所無法知曉的定數。天地之間有它自有的秩序與規律；萬事萬物都在微妙的安排中運行著，所有事物都各就其位。

◆用心，無為而為

凡事都要用心。內心真實的感受，就是人生的指南。

當遇到困難與逆境時，要安定自己，使自己處於寧靜中，跟隨心中的指引。

有時選擇心的指引，情況還是沒有改變，甚至變得更糟，但也許這一切都只是表相而已，畢竟最好的安排也需要鋪陳。

既然一切都在定數之中，凡事就要學會順著流走。順應自然，並不是無所謂，而是無為而為。

人和，創造更大的未來

古人常說：「天時，地利，人和。」天時與地利，是我們無法直接運作的面向，只有人和方面，才是我們的施力點。

充滿人和狀態的人，內在充滿著和諧、寧靜、平衡，全身散發著靜寂清澄的狀態。這樣的人，最大的貴人就是自己。一樣狀態的人才會相互吸引。唯有調整好自己，才能夠為自己創造更大的未來。

當這個世界都充滿著內在和諧、身心靈狀態平穩的人，社會就會跟著安定，充滿喜樂。

唯有充滿和諧力量的人，才能夠將所有失衡的事物，重新帶回秩序之中；將自己照顧好，對整個世界來說，就是最偉大的禮物與貢獻。

國家圖書館出版品預行編目 (CIP) 資料

醒覺力：五感甦活 x 心性自在 x 面相人和 / 言唯鑫作 .
-- 第一版 . -- 臺北市：博思智庫，民 106.08
面；公分
ISBN 978-986-95223-0-4(平裝)
1. 修身 2. 面相 3. 生活指導

192.1 106012641

美好生活 23

醒覺力

五感甦活 x 心性自在 x 面相人和

作　　者｜言唯鑫
文字協力｜陳品丰
執行編輯｜吳翔逸
美術設計｜蔡雅芬
行銷策劃｜李依芳
行政統籌｜品樘國際開發有限公司
地　　址｜105 台北市松山區復興北路 477 號 1 樓
電　　話｜(02) 23913319 / 0909131149

發 行 人｜黃輝煌
社　　長｜蕭艷秋
財務顧問｜蕭聰傑
出 版 者｜博思智庫股份有限公司
地　　址｜104 台北市中山區松江路 206 號 14 樓之 4
電　　話｜(02) 25623277
傳　　真｜(02) 25632892

總 代 理｜聯合發行股份有限公司
電　　話｜(02)29178022
傳　　真｜(02)29156275

印　　製｜科億資訊科技有限公司
定　　價｜280 元
第一版第一刷　中華民國 106 年 08 月

ISBN 978-986-95223-0-4

博思智庫股份有限公司
博思智庫粉絲團　Facebook.com/broadthinktank